檀公算法

李英渠　刘双保　编著

山东大学出版社

图书在版编目(CIP)数据

檀公算法/李英渠,刘双保编著. —济南:山东大学出版社,2015.4

ISBN 978-7-5607-5265-5

Ⅰ.①檀… Ⅱ.①李… ②刘… Ⅲ.①《周易》—研究 Ⅳ.①B221.5

中国版本图书馆 CIP 数据核字(2015)第 074395 号

责任策划:唐　棣
责任编辑:唐　棣
封面设计:张　荔

出版发行:山东大学出版社
社　　址:山东省济南市山大南路 20 号
电　　话:市场部(0531)88364466
经　　销:山东省新华书店
印　　刷:金乡县山阳印务有限公司
规　　格:850 毫米×1168 毫米　1/32
4.625 印张　116 千字
版　　次:2015 年 4 月第 1 版　2015 年 4 月第 1 次印刷
定　　价:32.00 元

前 言

“檀公算法”之名源于山东金乡人檀道济，其又称“檀公策”，语出《宋书·檀道济传》。檀道济是南北朝时期刘宋政权的第一名将，也是中国古代著名兵书《三十六计》的作者。

檀道济祖籍山东省金乡县卜集镇，今卜集镇檀庄仍是檀氏族人聚居地。东晋元兴三年(404 年)，檀道济随两位兄长投奔刘裕(刘宋政权的创建者)，因战功不断升迁。义熙十二年(416年)，檀道济作为先锋随刘裕北伐后秦，因功封征虏将军、琅琊内史。永初元年(420 年)刘裕称帝，以檀道济为护军将军，加散骑常侍，守卫京城。又以佐命之功，改封永修县公，食邑二千户。刘裕在位三年病死，檀道济为四顾命大臣之一，辅佐宋少帝。元嘉元年(424 年)，宋少帝被废，宋文帝即位，檀道济进号征北将军，进封武陵郡公，食邑四千户。元嘉三年(426 年)，拥有重兵的荆州刺史谢晦等人谋反，檀道济率兵平定。

元嘉七年(430 年)，为解除北魏的威胁，宋文帝命檀道济统军北伐。宋军的先锋部队进军河南，收复洛阳等地。北魏皇帝亲自率军反击，很多地方又纷纷失守。第二年一月，檀道济率军救援，大破魏军，进抵历城(今山东济南)。

这时，魏军一面正面迎击，一面派兵绕到宋军背后焚烧粮草。檀道济军粮不继，准备退兵。宋军中一些士兵逃到魏营投降，把宋军缺粮的情况告诉了北魏将领。北魏就派出大军追赶檀道济，情况非常危急。檀道济心生一计，命令将士就地扎营休息。当天晚上，宋军军营里灯火通明，檀道济亲自带领兵士查点粮食。兵士们拿着竹筹一边量粮食，一边大声计数。其实量的并不是粮食，而是一斗斗的沙土，只是量完之后在沙土堆上覆盖了一层少量的白米。但是，魏兵的探子不知实情，就报告魏将宋军粮草充足。魏将因此怀疑前来告密的宋兵是假投降，把他们全部杀掉。第二天清晨，檀道济命令将士戴盔披甲，自己却身着便服，乘马车沿着大路从容向南转移。魏军素来惧怕檀道济，见其从容不迫地撤退，担心有埋伏而不敢追赶。檀道济因此平安撤回。这就是我国军事史的著名战例"唱筹量沙"。

这次北伐，檀道济虽然没有攻占河南，但在四面遇敌、军粮已断的危急情况下全军而返，实属不易。自此之后，魏人惮惧檀道济的威名，不再轻易南犯。回朝之后，檀道济进位司空，成为三公之一。

檀道济立功数朝，威名越来越大，权位越来越高，左右心腹都是百战之将，因此引起权臣的猜忌。公元436年，檀道济奉诏回京，被人捏造种种罪名逮捕。临刑前，檀道济勃然大怒，把头巾摔在地上，大声说："乃复坏汝万里之长城！"

魏人听说檀道济被害，大喜说：檀道济一死，宋兵就无可畏惧了。公元450年，文帝再次下令北伐，宋军屡吃败仗，魏兵反攻到长江。面对一江之隔的劲敌，宋文帝长叹一声："檀道济若在，岂使胡马至此！"

檀道济戎马一生，战功卓著。后人作诗称赞说："桓桓大将，矫矫虎臣。战无不克，威震强邻。金汤万里，为国长城。"他不仅深通兵法，而且对《周易》有精深研究，因此在总结前人军事经验的基础上，结合《周易》中的阴阳演化之法，撰写了我国古代兵学奇书《三十六计》。

古人每遇大事必占卜吉凶。檀道济兼通《周易》和军事，其推演之法自有独到之处。山阳书院在深入研究《周易》和《三十六计》密切关系的基础上，全面探求和恢复了檀道济占卜之法——檀公算法，进而开发出易卜文化用器——檀公算，这是对易学推广和创新的一大贡献。

一画开天

《周易·系辞》记载："古者伏羲氏之王天下也，仰则观象于天，俯则观法于地。观鸟兽之文与地之宜，近取诸身，远取诸物，于是始作八卦。以通万物之德，以类万物之情。"

据说当年伏羲画下这一符号的那一刻，天地为之动容，鬼神为之哭泣。这泄露天机的一画意味着，人类从此告别荒蛮而进入文明时代，这就是"一画开天"。

伏羲发明的八卦，对中华民族的文化做出了巨大的贡献。从此以后，八卦理论被应用到各个领域中，中国古代文化也在八卦理论的基础上逐渐蓬勃发展起来。古人用"一画开天，文明肇始"作为对伏羲画卦的评价，这是最贴切、最生动、最凝练的比喻。

六十四卦演成表

下卦 / 上卦	乾天 ☰	兑泽 ☱	离火 ☲	震雷 ☳	巽风 ☴	坎水 ☵	艮山 ☶	坤地 ☷
乾天 ☰	1 乾	43 夬	14 大有	34 大壮	9 小畜	5 需	26 大畜	11 泰
兑泽 ☱	10 履	58 兑	38 睽	54 归妹	61 中孚	60 节	41 损	19 临
离火 ☲	13 同人	49 革	30 离	55 丰	37 家人	63 既济	22 贲	36 明夷
震雷 ☳	25 无妄	17 随	21 噬嗑	51 震	42 益	3 屯	27 颐	24 复
巽风 ☴	44 姤	28 大过	51 鼎	32 恒	57 巽	48 井	18 蛊	46 升
坎水 ☵	6 讼	47 困	64 未济	40 解	59 涣	29 坎	4 蒙	7 师
艮山 ☶	33 遁	31 咸	56 旅	62 小过	53 渐	39 蹇	52 艮	15 谦
坤地 ☷	12 否	45 萃	35 晋	16 豫	20 观	8 比	23 剥	2 坤

注：成卦之后，依此表查找卦之序号，根据序号可迅速查阅卦辞。

目　录

引 言

山东金乡位于鲁西南黄泛冲积平原，“西北据群山之险，东南带黄河之固，是汴、兖之咽喉，水陆之要冲也”（万历元年《兖州府志》），自古是东夷和中原、海岱和两京（长安、洛阳）之间的重要通道。

金乡，历来是繁华富饶之地。夏为有缗国，汉为山阳郡（国）治，晋为高平国都，唐宋时期为望县，元时仍属“地大物稠”者，明清时期的富庶为周边州县之翘楚。晚年寓居金乡的北宋文学家晁补之曾赞道：“凡平土浅无金，此山乃有金，知其地气与泽并异。凡五谷果蔬土有宜有不宜，此咸宜。松、桧、梅遥迁于其地，而不能为良者，植此皆良，又不可知也。”（晁补之《金乡张氏重修园亭记》）

金乡人杰地灵，文化积淀深厚，自古以来就有浓郁的易学传统。金乡人檀道济深受熏陶，精通《周易》占卜之法和阴阳变化之道。在长期的军事实践中，檀道济自然而然就将《周易》引入其中，进而编撰出与《孙子兵法》并称“兵学双璧”的军事名著《三十六计》。

一、孕育文明的大野泽

金乡历史悠久，文化兴盛，是华夏文明的发祥地之一。据考古发现，早在新石器时期，就有先民在金乡一带繁衍生息。

2010 年 10 月，金乡县有关部门对县城东春城堌堆进行了一次勘查发掘，出土了很多重要文物和遗迹，其中最为典型的是一个完整的龙山文化小罐和一些蛋壳黑陶碎片。蛋壳黑陶是龙山文化的标志性陶器，代表了当时制陶工艺的最高水平，被各国考古界誉为"四千年前地球文明最精致之制作"。龙山文化是中国新石器时代晚期的文化之一，距今4100～4900年。春城堌堆出土的龙山文化遗物，从年代上属于新石器晚期和夏文化初期。这说明，这一时期已有人类在金乡一带生活繁衍，金乡是中华文明的发祥地之一。

在史前时期，以泰山为主体的鲁中山地，曾是大海中的一座岛屿。在6000年前，即伏羲、女娲时期，相当于大汶口时代，海水逐渐后退，残留大片沼泽地。同时，由于黄河所携带的黄土高原的泥沙逐渐淤积，在泰山西南逐渐形成了一片广袤的平地旷野，这就是今天的鲁西南平原。先民们西出群山，看到连绵的旷野，就称为"大野"。大野上的河流汇入东北部的一片洼地形成湖泽，这就是大野泽。《尔雅·释地·十薮》首列"鲁有大野"，说明大野泽在当时非常著名。《周礼·职方·兖州》曰："其泽薮曰大野"，即谓大野泽是九州之兖州的第一大泽。《尚书·禹贡》曰："大野既潴，东原底平"，是说大禹治水时把大野泽当作蓄洪之所。孔颖达疏："《地理志》云：'大野泽在山阳钜野县北，钜即大也。'"今山东省巨野县就是因大野泽而得名，巨野县和金乡县紧邻。又据《左传》记载，孔子西游获麒麟之地，即在大野泽一带。这些古籍记载充分说明，在大禹治水时，大野泽就已经存在了。当时的大野泽就在现在巨野、嘉祥一带，金乡是其边缘。

隋唐以前，大野泽南北宽150多千米，东西宽50多千米，从现在的巨野县城向北一直到现在的梁山县北。中唐至宋，黄河屡决大口，大野泽水域又迅速扩展，"济、郓等州，皆为泽国"，济宁、郓城一带都是大水。大野泽之水流经梁山，使梁山周围出现了一个方圆300余里的大湖，这就是梁山泊。梁山泊系古大野泽的扩大演变，波及梁山、郓城、巨野、嘉祥、东平、阳谷六县，其水域之大，盛极一时。《水浒传》说梁山泊“四方周围八百里，东连海岛，西接咸阳，南通大冶、金乡”，虽有夸大的成分，但亦足见其规模。后来黄河泥沙淤积，大野泽南部逐渐变成平陆，梁山周围渐露浅滩。到明代永乐年间，梁山泊已趋于泯灭。现在的东平湖，就是原来梁山泊的遗迹，是在清咸丰五年(1855年)黄河大改道时形成的。

远古时期，先民们多依水而居。大野泽附近的金乡依山傍水，近水则能得水之利，傍山可避水之患，是当时理想的居住之地。所以，远古时期的三皇五帝等华夏先祖大都在金乡留下过活动的足迹。据传说，华夏始祖伏羲、女娲、少昊均出生于济宁。如果是这样的话，金乡应当是其活动的主要地带。

有研究表明，山东文化的出现先于中原文化，早在大汶口文化时期，以泰山为中心的远古文明已经发育成熟，比中原文明的形成要早上千年。因此，中华文化的发展路径先是从山东中南部西进中原，然后经过在中原的发展后向四周扩散并回归山东。但是无论是西进中原，还是回归山东，可以说，包括金乡在内的大野泽及周边地区都处于中华上古文明的重要位置。

二、金乡和伏羲八卦

伏羲又作宓羲、庖牺、包牺、伏戏，亦称牺皇、皇羲、太昊，《史记》中称“伏牺”。伏羲是汉民族的人文始祖，也是中华先民由母系氏族社会进入父系氏族社会载入文献的第一人，所处的时代约为新石器时代早期。

我国很多古籍都有“华胥履迹雷泽生伏羲”的记载，如《诗含神雾》:“大迹出雷泽，华胥履之，生伏羲。”“华胥”即华胥氏的女首领，有一天在雷泽看到一个大脚印，便踩了一下，就受感而孕，后来生下伏羲。《辞海》《辞源》《中国历史地理大辞典》等各种工具书，对雷泽的解释都说在山东菏泽境内，而据专家考证，雷泽即大野泽。

山东邹城的凫山原名"伏山"，因伏羲而得名。成书于南北朝末期的《舆地志》记载："凫山在邹县，接鱼台界，形如凫飞，世传伏羲画卦于此。"伏山多凫鸟栖居，所以就改名为"凫山"。伏羲死后葬于"山阳高平"，即在金乡东北一带。

传说生产水平低下的渔猎时代，伏羲发明了捕鱼、捕兽、捕鸟的网罟，用来捕鸟打猎，并教会了人们渔猎和驯养野兽的方法，开创了畜牧养殖业。《路史》载："上古男女无别，太昊始制嫁娶，以俪皮为礼；正姓氏，通媒妁，以重人伦之本，而民始不渎。"传说伏羲还变革婚姻习俗，不同部族的人分别有不同的姓氏，"同姓不婚，惧不殖也"。各个部族相互通婚混血，从而奠定了汉民族的血脉基础。同时，伏羲始定姓氏，使先民有了家族符号。传说伏羲还发明了陶埙、琴瑟等乐器，创作乐曲、歌谣，将音乐带入人们的生活，帮助人们"修身理性，反其天真"。晋代皇甫谧《帝王世纪》称伏羲"味百药而制九针"，因此千余年来被我国医界尊奉为医药学、针灸学的始祖。据传伏羲还将其统治地域分而治之，而且任命官员进行社会管理。

《周易·系辞》："古者伏羲氏之王天下也，仰则观象于天，俯则观法于地。观鸟兽之文与地之宜，近取诸身，远取诸物，于是始作八卦。以通万物之德，以类万物之情。"伏羲最大的功绩是在先民蒙昧之时"画八卦"，这成为中国古文字的发端，也结束了先民"结绳记事"的历史。金乡是伏羲的主要活动地域，极有可能是"八卦诞生之地"。

伏羲"画"八卦为《周易》的形成奠定了基础。《周易》是中华文化的源头之一，数千年来，对中国的哲学、社会科学和自然科学发展产生了重大影响，备受推崇。据传伏羲画八卦，主要是依据当时的自然景象，用简单的符号象征来表现对宇宙万象的思考。特别是阴阳概念的提出，指出了世界万事万物的本质和其根本矛盾，这是远古人类对自然的最初认识，可以认为是开创了人类正确认识世界的道路。

伏羲画八卦“一画开天地”，使人们从“野蛮”进入“文明”，从混沌时代进入有画符的新时代，这在历史上具有十分重要的意义。

三、金乡的易学传统

金乡是中华文明的发祥地之一，文化积淀深厚。《周易》是中华文化的源头之一，作为“八卦诞生地”的金乡，其易学传统也极为悠久。

伏羲是使先民从蒙昧步入早期文明的伟大祖先，被称为华裔的人文始祖。金乡是伏羲生活的主要地域，其“仰则观象于天，俯则观法于地。观鸟兽之文与地之宜，近取诸身，远取诸物，于是始作八卦”。这表明，“八卦”是对自然万物真实现象的概括，目的是把万事万物描绘下来，执一而驭万，以“八卦”而识万物。同一类的事物，既形体相类，又性质相通。之所以称“八卦”，是因为古代“挂”与“卦”相通，“八卦”是说自然界通过这八种物象联系在一起，便于人们认识记忆。

“八卦”的八种物象——乾天、坤地、坎水、离火、震雷、艮山、巽风、兑泽——都可以在金乡一带找到。天、地、火、雷、风在各地都一样，除此之外，泽——金乡处于大野泽畔，水——金乡有古四渎之一济水的一段（菏水），山——金乡处于鲁西南群山之南。遥想数千年之前，伏羲跋山涉水，苦思冥想，很可能就是这天地水火、雷风山泽触发了他的灵感。

商代末年，周文王"拘而演《周易》"，把伏羲八卦演绎成六十四卦，并配上卦辞和爻辞。这就是《周易》。

孔子是春秋末期鲁国(今山东曲阜)人。年过半百后，孔子当上了鲁国的太宰，开始接触到被视为国家最高机密的《周易》。从此，孔子对《周易》产生了浓厚的兴趣，"居则在席，行则在囊"，"读《易》韦编三绝"，他感叹说："加我数年，五十以学《易》，可以无大过矣。"《系辞》中说："夫《易》何为者也？夫《易》开物成务，冒天下之大道，如斯而已者也。"孔子认为，《周易》不仅阐述了宇宙变化的规律，也包含着社会发展、人生际遇的深刻哲理。孔子作《彖辞》《象辞》《文言》《系辞》《说卦》《序卦》《杂卦》七篇文章(合称《易传》)来解释《周易》，包罗万象，博大精深。他的取象比类、阴阳对称、刚柔调和的整体思维，强调序列、注重节律的象数思维，表现了我国古代文化独特的思维特点；他的大化流行、生生不息的宇宙发展观，万物变化日新、物极必反的矛盾转化思想，仰观俯察、穷理尽性的认识原则，人能"赞天地之化育"的主体能动性思想等，成为我国古代观察问题、处理问题的指导原则。孔子透过卜筮语言看到了《周易》中蕴含的真实内容，又透过变化的现象看到了其本质属性，揭示出很多自然和社会发展变化的规律，显示了我国古代光辉的科学智慧和深刻的人文思想。《易传》是对《周易》最权威、最经典的解释，也是后人学习《周易》必读之作。孔子作《易传》，使只有五千余字的卜筮之书《周易》转化为哲学著作《易传》，使之发生了质的升华。孔子释《周易》，点燃了中国传统文化的火炬，使《易传》的光辉穿透历史尘埃，照亮了现在以及将来。

孔子是曲阜人，讲学授徒、传播儒家文化也以曲阜为主，其三千弟子多来自周边地区。仅次于孔子的一代儒家宗师孟子，是战国时期邹国（今山东邹城）人。他继承并发扬了孔子的思想，对后世中国文化的影响全面而巨大，有“亚圣”之称。金乡地近邹鲁，受儒家文化浸润极深。孔子的弟子曾参也是儒家主要代表人物之一，世称“曾子”，被后世儒家尊为“宗圣”。曾参之父曾点也是孔子的弟子，位列七十二贤之一。两人为春秋末期鲁国南武城人。南武城今属嘉祥县，但在金代置嘉祥县之前，长期属金乡县。南武城建有曾庙、曾林（曾子墓）等纪念场所，曾点也封为莱芜侯，被后人一同祭祀。历史上嘉祥长期属金乡县，所以在官方祭祀曾子的活动中，金乡一直是主角之一。例如，《创建莱芜侯曾点庙记》记载，莱芜侯庙创建于明正统十三年（1448 年），兖州府同知姚昱主管，金乡县主簿方伯辉具体负责。庙成之日，立碑纪念，参与仪式的除两位上级官员外，只有嘉祥、金乡两县的主要官员。同时立碑，撰写碑文的是金乡教谕卢与龄。

《易经》是儒家五经之首，随着儒家文化在金乡的传播，易学传统在金乡不断发扬光大。西汉时期，汉武帝采纳董仲舒“罢黜百家，独尊儒术”的建议，在长安创立太学，设《诗》《书》《礼》《易》《春秋》五经博士，置弟子员，使得通晓儒家经典成为做官食禄的主要条件，经学得到极大发展。《史记·儒林列传》言经学的起源道：“言《诗》，于鲁则申培公，于齐则辕固生，于燕则韩太傅；言《尚书》，自济南伏生；言《礼》，自鲁高堂生；言《易》，自淄川田生；言《春秋》，于齐、鲁自胡毋生，于赵自董仲舒。”故著名学者牟钟鉴先生说：“西汉时期，齐鲁经学保存最为完整。”①

金乡当时地处山阳郡国（今山东金乡西北昌邑）的腹地，为山东通往长安、洛阳的重要通道之一，经学发展较为迅速。天汉四

① 牟钟鉴：《齐鲁文化之特色与贡献》，《文史哲》2005 年第 1 期。

年(前94年),汉武帝将其爱子刘髆封国昌邑(现山东金乡西北),并派遣经学大师王式、王吉、龚遂等人辅佐。《山东区域文化通览·青岛文化通览》说:“王吉是今文《尚书》和《易经》《诗经》《齐论语》等儒家经典的著名传授人。”三人在公务之余,也教授当地儒生。据《汉书·王式传》记载,“山阳张长安幼君先事式”,后为博士。后来,昌邑国除,复改为山阳郡,仍治昌邑。“本治《春秋》”的张敞、“以治《春秋》为丞相封侯”的公孙弘之子公孙度,先后任山阳太守,进一步推动金乡一带儒学的发展。受其影响,到东汉时东缗县涌现出一位“学透春秋,大儒景仰”的丁恭。“恭学义精明,教授常数百人,州郡请召不应。建武初,为谏议大夫、博士,封关内侯。十一年,迁少府。诸生自远方至者,著录数千人,当世称为大儒。”(《后汉书·儒林列传》)

自汉初以来,以金乡为中心的山阳地区,易学流传就比较兴盛,“易之祖师”丁宽之学及京氏易学在山阳郡都有传习。东汉末,“以易学名家者,称荀刘马郑”,刘指的就是荆州牧刘表。

刘表(142~208年),山阳高平(今山东金乡东北)人。刘表少年时就名声远扬,和当时的几位名士合称“八俊”。刘表主政荆州后,“万里肃清”,政局稳定,经济富庶,荆州因此成为四方士人躲避战乱的理想之地。身为名士的刘表积极开设学校,博求儒生讲学。荆州一时名士云集,英杰荟萃。数以千计的儒生名士聚集在荆州,标志着荆州代替洛阳成为全国的学术中心。刘表集合众多儒生编订简明的经学教材,并撰写了《周易章句》五卷。刘表的易学活动对后世影响很大,著名历史学家汤用彤先生等人认为,魏晋玄学的学术传承就与讲易的荆州学派密切相关。而玄学的理论奠基者——金乡人王弼,就是刘表的曾外孙。

王弼(226~249年),山阳高平人(今山东金乡东北)。王弼年仅23岁就不幸离世,其人生虽然短暂,但他著有《周易注》《周易略例》《老子注》《老子指略》《论语释疑》等多部学术专著。其中，《周易注》自唐代以来被钦定为标准注本，其《老子注》不久也被后人视为标准注本，流传下来。清康熙十二年(1673年)《金乡县志》中有关于“王弼注易处”的记载：“辅嗣注易处，北门内往西。”

王弼注《周易》，一改两汉士人支离烦琐的传统方法，不用象数而用《老子》，以老子思想解易，并阐发自己的哲学观点，在学术上开创了一代新风——“正始玄风”。王弼的易学观体系庞大，内容深奥，他综合儒、道，借用和吸收了老庄的思想，建立了体系完备、抽象思辨的玄学哲学。他对易学玄学化的批判性研究，尽扫先秦、两汉易学研究之迂腐学风，其本体论和认识论中所提出的新观点、新见解对以后中国思想史的发展具有深远的影响。清华大学历史系教授、博士生导师王晓毅先生对他的评价是：王弼在哲学上奏出了时代的最强音。“虽然他像流星一样匆匆闪过，只生活了二十三个春秋，却以其不可思议的天才智慧之光，照亮了整个时代，指明了魏晋玄学的理论航向。”①

南北朝时期，金乡人檀道济总结前人的军事思想，提炼自己丰富的军事实践，又依据《周易》阴阳变化之道，编撰了兵学奇书《三十六计》，是易学用于军事的典型代表。檀道济是南北朝时期刘宋的将领，也是当时的第一名将，所著《三十六计》与《孙子兵法》并称“兵学双璧”，极大地丰富了我国古代的军事理论。

《三十六计》又名《三十六策》，《南齐书·王敬则传》云：“檀公三十六策，走是上计。汝夫子唯应急走耳。”原书按计名排列，共分六套，每套各包含六计，总共六六三十六计。分别是：

第一套胜战计：瞒天过海、围魏救赵、借刀杀人、以逸待劳、趁火打劫、声东击西。第二套敌战计：无中生有、暗度陈仓、隔岸观

① 王晓毅：《中国文化的清流》，中国社会科学出版社1991年版。

火、笑里藏刀、李代桃僵、顺手牵羊。第三套攻战计：打草惊蛇、借尸还魂、调虎离山、欲擒故纵、抛砖引玉、擒贼擒王。第四套混战计：釜底抽薪、浑水摸鱼、金蝉脱壳、关门捉贼、远交近攻、假途伐虢。第五套并战计：偷梁换柱、指桑骂槐、假痴不癫、上屋抽梯、树上开花、反客为主。第六套败战计：美人计、空城计、反间计、苦肉计、连环计、走为上。

在每条计的名称后面都有一个解说，内容是依据《周易》中的阴阳变化之理以及古代兵学思想推演而成，含有朴素的军事辩证法的因素。

檀道济根据《周易》推演出《三十六计》，匠心独运，是易学和兵学结合的典范。

四、关于《周易》

《周易》简称《易》。“易”有变易（变化）、简易（执简驭繁）、不易（相对永恒不变）三义。《周易》分两部分，一为“古经”，又称《易经》，即六十四卦的卦象、卦辞和爻辞；二是“大传”，又称《易传》，是《易经》的注解。

按照传统说法，《周易》成书是“人更三圣，世历三古”，即《周易》成书经历了上古、中古、下古三个时代，分别由伏羲、周文王、孔子三个圣人完成。伏羲画八卦，文王作古经，孔子撰十翼。现在学界研究一般认为，《周易》（古经）成书于殷末周初，反映了周文王和商纣王之事，其重卦出自文王之手，卦爻辞是周公所作。

李镜池先生认为：“八卦的构成当在结绳之后。”结绳用来记事，改结绳为书契时，如以“—”（阳）代表一大结，以“- -”（阴）代表两小结，三大结（☰）为乾，六小结（☷）为坤。卦画时期，人类已经懂得对自然界作分类：☰代表关于天文的事（乾），☷代表关于地理的事（坤），☳为雷（震），☴为风（巽），☵为水（坎），☲为火（离），☶为山（艮），☱为泽（兑），用的是象征表现法。八卦自叠或互叠又构成六十四卦。

《周易》古经多认为是占筮书，以卦为单位。全书共六十四卦，每卦里有卦画、卦名、卦辞、爻辞四部分。六十四卦中每一个卦画都有六行，每行叫“一爻”。卦画由下而上排列，第一爻称为“初”，第六爻称为“上”，其余依次称为二、三、四、五。一个字表示爻的性质，阳爻用“九”字，阴爻用“六”字。卦辞和爻辞共450条，4900多个字。从史学角度看，《周易》古经记载的社会现象相当广泛，有农业、畜牧、渔猎等经济情况，有封国、阶级、婚姻、家庭等社会制度，有饮食、衣服、宫室、器皿等生活状况，有祭祀、征伐、守卫、诉讼等社会活动。由于殷周之际的史料极其缺乏，所以此书就成为极为重要的上古社会史料，受到史学家的珍视。

卦名有一字和两字两种情况。有时是总括全卦的内容，有时是选取卦爻辞中的多见词，有时两者兼而有之。有些卦名是多义词，分别与卦爻辞相对应。大多数卦都是有中心的，一卦说一类事；也有一些散杂之卦，所说事类不一；还有一些组卦，两卦的名称相对，对内容的释义对比进行。

从形式上看，古经分卦辞、爻辞两类。卦辞一般都比较简单，是对全卦的解释说明；也有几个卦内容较多，从卦辞写起，与爻辞连续。爻辞是各卦内容的主要部分，每卦分为六爻，很多都是根据内容按先后层次编排的。

卦辞和爻辞都是筮辞。高亨先生认为，筮辞可以分为四类。一是记事之辞，采用古代故事或记录当时筮事以说明占卜休咎，如“既济”九三云：“高宗伐鬼方，三年克之。”二是取象之辞，采取一种事物为人事的象征以说明占卜休咎，如“乾”中的“龙”。三是说事之辞，直接说明人的行事以指示占卜休咎，如“谦”九三云：

“劳谦，君子有终，吉。”四是断占之辞，即论断休咎的语句。断占之辞多与记事、取象、说事之辞有内在联系，后三者本意含有休咎之意，断占之辞随后揭示其休咎，如“泰”六五云：“帝乙归妹，以祉，元吉。”“元吉”即为断占之辞。

《易传》分七部分，即《彖》《象》《文言》《系辞》《说卦》《序卦》《杂卦》，其中《彖》《象》《系辞》各分上、下篇，因此共 10 篇，又称《十翼》。其中，《彖》解释六十四卦的卦名、卦义和卦辞；《象》解释六十四卦的卦名、卦义和爻辞；《文言》解释乾坤两卦的卦辞和爻辞；《系辞》是《周易》的通论；《说卦》记述八卦所象的事物；《序卦》解说六十四卦的顺序；《杂卦》杂论六十四卦的卦义。

《十翼》都是对《周易》古经的注解，讲义理，也讲象数，既有关于自然和社会的理论认识，也带有一些巫术色彩和神秘意味。它对于古经有一些正确的理解，但突出的却是自己的世界观。这十篇互相联系，互相补充，互相发挥，共同构成一个相当完整的思想体系。和作为筮书的古经相比，《易传》是一部古代哲学著作，是一部新《周易》。

今人在研究《周易》时，一般会把经和传分开研究，主要就是因为它们是不同时代的作品，不能混为一谈。也正是这个原因，本书也只是对古经部分进行了释译。当然，对于古经的释译，前人的著作浩如烟海，我们主要参考了《周易古经今注》（高亨著，清华大学出版社 2010 年版）、《周易大传今注》（高亨著，齐鲁书社 2013 年版）、《王弼集校释》（楼宇烈校释，中华书局 1980 年版）、《周易通义》（李镜池著，中华书局 1981 年版）、《周易今注今译》（赵建伟、陈鼓应注译，商务印书馆 2010 年版）等。在此基础，我们着重从《周易》所反映的时代和它产生的时代去理解古经，偶有心得就融进释义中。

五、《三十六计》易演之法

《三十六计》是檀道济在总结前人军事思想的基础上，又根据《周易》推演而来。推演的方式有多种。

第一类是直接引用《周易》原文，共有二十四计。

直接引用卦辞的有四计。“借尸还魂”曰“匪我求童蒙，童蒙求我”，出自蒙卦。“欲擒故纵”曰“需，有孚，光”，出自需卦。“关门捉贼”曰“剥，不利有攸往”，出自剥卦。“假道伐虢”曰“困，有言不信”，出自困卦。

直接引用爻辞的有四计。“调虎离山”曰“往蹇来连”，出自蹇卦六四爻。“抛砖引玉”曰：“类以诱之，击蒙也。”“击蒙”出自蒙卦上九爻辞：“击蒙。不利为寇，利御寇。”“偷梁换柱”曰“曳其轮也”，出自既济卦初九爻和未济卦九二爻。“树上开花”曰“鸿渐于陆，其羽可用为仪”，出自渐卦上九爻。

直接引用彖辞的有七计。“以逸待劳”曰“损刚益柔”，出自损卦彖辞：“损刚益柔有时，损益盈虚，与时偕行。”“趁火打劫”曰“刚决柔也”，出自夬卦彖辞。“暗度陈仓”曰“益动而巽”，出自益卦彖辞。“隔岸观火”曰“顺以动，豫。豫顺以动”，出自豫卦彖辞。“金蝉脱壳”曰“巽而止，蛊”，出自蛊卦彖辞。“指桑骂槐”曰“刚中而应，行险而顺”，出自师卦彖辞。“反客为主”曰“渐之进也”，出自渐卦彖辞。

直接引用象辞的有九计。“擒贼擒王”曰“龙战于野，其道穷也”，出自坤卦上六爻象辞。“浑水摸鱼”曰“随，以向晦入宴息”，出自随卦象辞：“君子以向晦入宴息。”“上屋抽梯”曰“遇毒，位不当也”，出自噬嗑卦六三爻象辞。“美人计”曰“利用御寇，顺相保也”，出自渐卦九三爻象辞。“空城计”曰“刚柔之际，奇而复奇”，出自解卦初六爻象辞:“刚柔之际,义无咎也。”“反间计”曰“比之自内,不自失也”,出自比卦六二爻象辞。“苦肉计”曰“童蒙之吉,顺以巽也”,出自蒙卦六五爻象辞。“连环计”曰“在师中吉,承天宠也”,出自师卦九二爻象辞。“走为上”曰“左次无咎,未失常也”,出自师卦六四爻象辞。

第二类是直接点示卦名或卦象,共有六计。

“借刀杀人”曰:“以损推演。”直接说明此计据损卦推演。

“声东击西”曰:“坤下兑上之象。”坤卦(☷)在下,兑卦(☱)在上,即萃卦(䷬)。这是直接说明此计据萃卦推演。

“打草惊蛇”曰:“复者,阴之媒也。”“复者”是直接说明据复卦推演。

“釜底抽薪”曰:“兑下乾上之象。”兑卦(☱)在下,乾卦(☰)在上,即履卦(䷉)。这是直接说明此计据履卦推演。

“远交近攻”曰:“上火下泽。”这是说上卦为火为离(☲),下卦为泽为兑(☱),即睽卦(䷥)。这是直接说明此计据睽卦推演。

“假痴不癫”曰:“云雷屯也。”屯上卦为坎,下卦为震,坎为云,震为雷。所以屯的卦象为云雷聚合,云行于上,雷动于下。这是直接说明此计据屯卦推演。

第三类是根据《周易》阴阳理论推演,共计六计。

“瞒天过海”曰:“阴在阳之内,不在阳之对。太阳,太阴。”“围魏救赵”曰:“敌阳不如敌阴。”“无中生有”曰:“少阴、太阴、太阳。”“笑里藏刀”曰:“刚中柔外也。”“李代桃僵”曰:“损阴以益阳。”“顺手牵羊”曰:“少阴,少阳。”

概括来看,上述推演之法直接涉及二十五卦,其中损卦推演两计,蒙卦推演两计,渐卦推演三计,师卦推演三计,既济、未济两卦推演一计,其余都一卦一计。

六、檀公算法的卦计因应

“檀公算法”是一种综合运用《周易》和《三十六计》进行占卜的方法。占卜时先起卦，再查找相应的计策。一般而言，卦是对所问之事的理论指导，计是处理事情的具体方法。这也是檀道济“运筹帷幄之中，决胜千里之外”的根本。

《周易》有六十四卦，而《三十六计》只有三十六策，还有一卦推演几个计策的现象，所以卦和计之间并不是一一直接对应的。那么，檀道济的“檀公算法”是怎样把卦和计对应起来的呢?

研究发现，“檀公算法”卦计对应并不僵化地根据推演关系确定，而是非常灵活的——除了根据推演关系确定对应关系外，还有两种情况。一是卦和计有推演关系，但并不对应。如“空城计”是根据解卦初六象辞“刚柔之际，义无咎也”推演的，但解卦并不和“空城计”对应，而是谦卦、坎卦和“空城计”对应。二是卦和计有推演关系，除两者对应外，又增加其他卦和此计对应。如履卦推演出“釜底抽薪”之计，又增加鼎卦与之对应。三是一卦推演多计的，一般只对应一计，如师卦推演出三计——“指桑骂槐”“连环计”“走为上”，但只有“连环计”和师卦对应。

这就产生了一个新问题:这种没有推演关系的卦和计是通过什么确定对应关系的呢? 情况极为复杂，这里略作归述。

一是卦名、卦意与计相合。如谦卦讲“谦虚”“虚心”之道，有“空城”之意;坎卦的“坎”为“陷阱”，也有“空城”之意，所以谦、坎两卦就和“空城计”对应。

二是卦辞、爻辞和某计有关联。如无妄六三爻辞曰:“无妄之灾，或系之牛，行人之得，邑人之灾。”此爻是说行人“顺手牵牛”，和“顺手牵羊”相通，故两者对应。

三是卦的内容和某计有相合之处。如咸卦六爻是描写男女谈情说爱的过程，从互相爱慕到相互接纳，这正可以看作是“美人计”的实施过程。此卦卦辞曰“取女吉”，正是说明应该施用“美人计”。所以，咸卦对应“美人计”。

四是卦和计中的某个环节对应。如“无中生有”之计曰：“诳也，非诳也，实其所诳也。少阴、太阴、太阳。”此计有三个步骤：“诳也”“非诳也”“实其所诳也”，从《周易》理论上看分别对应“少阴”“太阴”“太阳”。这正好和小畜、大畜、大有三卦相合，分别对应“萌生”“发展”“成熟”三个步骤，所以三卦和“无中生有”对应。又如乾卦六爻依次是“潜龙”“现龙”“惕龙”“跃龙”“飞龙”“亢龙”，构成一个完整的循环，如连环计一样环环相扣，构成一个整体，所以乾卦和“连环计”对应。

当然，以上研究只是寻迹檀公神测之一隅，管中窥豹，挂一漏万。“檀公算法”博大精深，还请方家同仁同演共追。

八 卦

八卦是《周易》中的八种具有象征意义的基本图形，每个图形用三个阳爻(⚊)和阴爻(⚋)组成，分别是乾(☰)、坤(☷)、巽(☴)、兑(☱)、艮(☶)、震(☳)、离(☲)、坎(☵)。八卦主要象征天、地、雷、风、水、火、山、泽八种自然现象。《周易·系辞》说：“是故易有太极，是生两仪，两仪生四象，四象生八卦。”宇宙初始一片混沌，混沌之中有所变化，这就是太极。太极一分为二，产生阴阳，这就是两仪；两仪又各生阴阳，这就是四

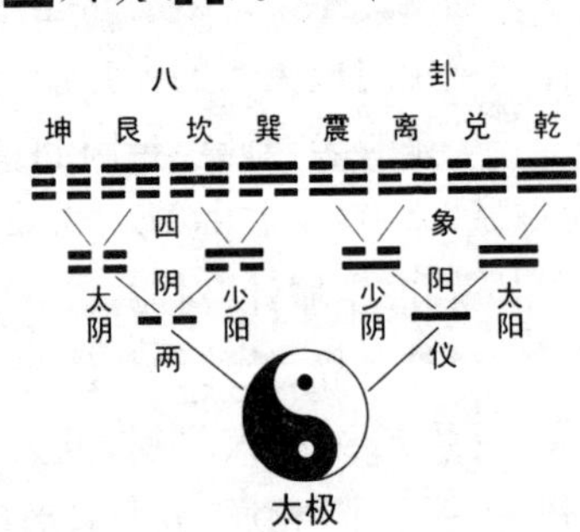

象；四象再分阴阳，这就是八卦。

为便于记忆，有人编了八卦歌诀：乾三连，坤六断，震仰盂，艮覆碗，离中虚，坎中满，兑上缺，巽下断。

八卦又称“经卦”。八卦的卦象和含义均有一定解释，不过由于方位和组合不同，体用的解说也有不同，因此而有“先天八卦”和“后天八卦”之分。简而言之，先天八卦是伏羲氏所画，主旨是显示宇宙之本体及其功能。后天八卦是文王根据先天八卦另行组合而成，主旨是说明宇宙万物的运行及其作用。后天八卦是在先天八卦的基础上发展而来的，在历经几千年的不断改善和创新之后，后天八卦更深入人心。两者有着密不可分的关系，在实际运用中，两者相互配合才更能发挥作用。

第一章 “三十六计”易演表

计名			关键语句	易演卦	类型	详细内容	因应卦
第一套 胜战计	1	瞒天过海	阴在阳之内,不在阳之对。太阴,太阳		理论推演	《周易》阴阳理论:阴中有阳,阳中有阴,阴阳可以相互转化	否、泰
	2	围魏救赵	敌阳不如敌阴		理论推演	《周易》阴阳理论:阳由阴转化而来,欲成阳功,先做阴谋	颐、井
	3	借刀杀人	以损卦推演	损	卦名提示	直接说明根据损卦推演	损
	4	以逸待劳	损刚益柔	损	引用彖辞	彖辞:损,损下益上,其道上行。损而“有孚,元吉,无咎,可贞,利有攸往。曷之用二簋,可用享”,二簋应有时。损刚益柔有时,损益盈虚,与时偕行	临、观、大壮、节
	5	趁火打劫	刚决柔也	夬	引用彖辞	彖辞:夬,决也,刚决柔也。健而说,决而和。“扬于王庭”,柔乘五刚也。“孚号有厉”,其危乃光也。“告自邑,不利即戎”,所尚乃穷也。“利有攸往”,刚长乃终也	夬
	6	声东击西	坤下兑上之象	萃	卦象提示	坤卦在下,兑卦在上,即萃卦	萃、恒

续表

计名			关键语句	易演卦	类型	详细内容	因应卦
第二套 敌战计	1	无中生有	少阴、太阴、太阳		理论推演	《周易》阴阳理论：阴阳转化是一个由量变到质变的过程	小畜、大畜、大有
	2	暗度陈仓	益动而巽	益	引用彖辞	彖辞：益，损上益下，民说无疆。自上下下，其道大光。“利有攸往”，中正有庆。“利涉大川”，木道乃行。益动而巽，日进无疆。天施地生，其益无方。凡益之道，与时偕行	益
	3	隔岸观火	顺以动豫，豫顺以动	豫	引用彖辞	彖辞：豫，刚应而志行，顺以动，豫。豫顺以动，故天地如之，而况建侯行师乎？天地以顺动，故日月不过，而四时不忒；圣人以顺动，则刑罚清而民服。豫之时义大矣哉	豫
	4	笑里藏刀	刚中柔外也	兑	理论推演	《周易》阴阳理论：外阴内阳，阴在阳外	兑
	5	李代桃僵	势必有损，损阴以益阳		理论推演	《周易》阴阳理论：阳为主，阴为辅，阴随阳变	升
	6	顺手牵羊	少阴，少阳		理论推演	《周易》阴阳理论：阴阳转化是量的积累过程	无妄、小过

续表

计名			关键语句	易演卦	类型	详细内容	因应卦
第三套 攻战计	1	打草惊蛇	复者,阴之媒也	复	卦名提示	直接说明根据复卦推演	复、震
	2	借尸还魂	匪我求童蒙,童蒙求我	蒙	引用卦辞	卦辞:蒙。亨。匪我求童蒙,童蒙求我。初筮告,再三渎,渎则不告。利贞	蒙
	3	调虎离山	往蹇来返	蹇	引用爻辞	九三爻辞:往蹇,来反	明夷、蹇
	4	欲擒故纵	需,有孚,光	需	引用卦辞	卦辞:需。有孚,光。亨。贞吉,利涉大川	需
	5	抛砖引玉	击蒙也	蒙	引用爻辞	上九爻辞:击蒙,不利为寇,利御寇	同人、家人
	6	擒贼擒王	龙战于野,其道穷也	坤	引用象辞	上六象辞:“龙战于野”,其道穷也	坤
第四套 混战计	1	釜底抽薪	兑下乾上之象	履	卦象提示	兑卦在下,乾卦在上,即履卦	履、鼎
	2	浑水摸鱼	随,以向晦入宴息	随	引用象辞	随卦象辞:泽中有雷,随。君子以向晦入宴息	随
	3	金蝉脱壳	巽而止,蛊	蛊	引用彖辞	彖辞:蛊,刚上而柔下,巽而止,蛊。“蛊,元亨”,而天下治也。“利涉大川”,往有事也。“先甲三日,后甲三日”,终则有始,天行也	蛊、艮、巽
	4	关门捉贼	剥,不利有攸往	剥	引用卦辞	卦辞:剥。不利有攸往	剥、离
	5	远交近攻	上火下泽	睽	卦象提示	上卦为火为离,下卦为泽为兑,即睽卦	睽
	6	假道伐虢	困,有言不信	困	引用卦辞	卦辞:困。亨。贞大人吉,无咎。有言不信	困、革

续表

计名			关键语句	易演卦	类型	详细内容	因应卦
第五套 并战计	1	偷梁换柱	曳其轮也	既济、未济	引用爻辞	既济初九爻辞:曳其轮,濡其尾,无咎。未济九二爻辞:曳其轮,贞吉	既济、未济
	2	指桑骂槐	刚中而应,行险而顺	师	引用彖辞	彖辞:师,众也;贞,正也。能以众正,可以王矣。刚中而应,行险而顺。以此毒天下,而民从之,吉又何咎矣	讼
	3	假痴不癫	云雷屯也	屯	卦象提示	屯上卦为坎为云,下卦为震为雷	屯
	4	上屋抽梯	遇毒,位不当也	噬嗑	引用象辞	六三象辞:“遇毒”,位不当也	噬嗑、丰
	5	树上开花	鸿渐于陆,其羽可用为仪也	渐	引用爻辞	上九爻辞:鸿渐于陆,其羽可用为仪,吉	渐、贲、大过
	6	反客为主	渐之进也	渐	引用彖辞	彖辞:渐,之进也,“女归吉”也。进得位,往有功也。进以正,可以正邦也,其位刚得中也。止而巽,动不穷也	晋
第六套 败战计	1	美人计	利用御寇,顺相保也	渐	引用象辞	九三象辞:“夫征不复”,离群丑也。“妇孕不育”,失其道也。“利用御寇”,顺相保也	咸、姤、归妹
	2	空城计	刚柔之际	解	引用象辞	初六象辞:“刚柔之际”,义“无咎”也	谦、坎
	3	反间计	比之自内,不自失也	比	引用象辞	六二象辞:“比之自内”,不自失也	比
	4	苦肉计	童蒙之吉,顺以巽也	蒙	引用象辞	六五象辞:“童蒙”之“吉”,顺以巽也	中孚

续表

计名			关键语句	易演卦	类型	详细内容	因应卦
第六套败战计	5	连环计	在师中吉，承天宠也	师	引用象辞	九二象辞："在师中吉"，承天宠也。"王三锡命"，怀离邦也	乾、师
	6	走为上	左次无咎，未失常也	师	引用象辞	六四象辞："左次无咎"，未失常也	遁、解、旅、涣

先天八卦

先天八卦是伏羲所创，所以又称"伏羲八卦"。其卦序为：乾一、兑二、离三、震四、巽五、坎六、艮七、坤八。从"先天八卦图"中可以看出，乾与坤、震与巽、坎与离、艮与兑是四个矛盾对立的形态。《周易·说卦》说："天地定位，山泽通气，雷风相薄，水火不相射。"这是对这种矛盾对立状态的经典描述。

"天地定位"：高朗的天空（乾为天）尊崇在上，广阔的天地（坤为地）卑陈在下，这就确定了天地高下的位置。

"山泽通气"：山岳巍峨高峻，湖泽蓄积就低，但高山流水，山泽之气相互沟通。

"雷风相薄"：古人认为，雷发自地中，风源自天上。雷动震天，风行地上，雷风相互激荡，催生万物。

"水火不相射"："不"为衍文，应为"水火相射"。阳火燥上，温暖万物；阴水润下，涵养万物。万物生化都离不开水火的相互作用。

第二章　卦计因应表

下卦 上卦	乾天	兑泽	离火	震雷	巽风	坎水	艮山	坤地
乾天	1 乾 连环计	43 夬 趁火 打劫	14 大有 无中 生有	34 大壮 以逸 待劳	9 小畜 无中 生有	5 需 欲擒 故纵	26 大畜 无中 生有	11 泰 瞒天 过海
兑泽	10 履 釜底 抽薪	58 兑 笑里 藏刀	38 睽 远交 近攻	54 归妹 美人计	61 中孚 苦肉计	60 节 以逸 待劳	41 损 借刀 杀人	19 临 以逸 待劳
离火	13 同人 抛砖 引玉	49 革 假道 伐虢	30 离 关门 捉贼	55 丰 上屋 抽梯	37 家人 抛砖 引玉	63 既济 偷梁 换柱	22 贲 树上 开花	36 明夷 调虎 离山
震雷	25 无妄 顺手 牵羊	17 随 浑水 摸鱼	21 噬嗑 上屋 抽梯	51 震 打草 惊蛇	42 益 暗度 陈仓	3 屯 假痴 不癫	27 颐 围魏 救赵	24 复 打草 惊蛇
巽风	44 姤 美人计	28 大过 树上 开花	51 鼎 釜底 抽薪	32 恒 声东 击西	57 巽 金蝉 脱壳	48 井 围魏 救赵	18 蛊 金蝉 脱壳	46 升 李代 桃僵

续表

下卦 / 上卦	乾天 ☰	兑泽 ☱	离火 ☲	震雷 ☳	巽风 ☴	坎水 ☵	艮山 ☶	坤地 ☷
坎水 ☵	䷅ 6 讼 指桑骂槐	䷮ 47 困 假道伐虢	䷿ 64 未济 偷梁换柱	䷧ 40 解 走为上	䷺ 59 涣 走为上	䷜ 29 坎 空城计	䷃ 4 蒙 借尸还魂	䷆ 7 师 连环计
艮山 ☶	䷠ 33 遁 走为上	䷞ 31 咸 美人计	䷷ 56 旅 走为上	䷽ 62 小过 顺手牵羊	䷴ 53 渐 树上开花	䷦ 39 蹇 调虎离山	䷳ 52 艮 金蝉脱壳	䷎ 15 谦 空城计
坤地 ☷	䷋ 12 否 瞒天过海	䷬ 45 萃 声东击西	䷢ 35 晋 反客为主	䷏ 16 豫 隔岸观火	䷓ 20 观 以逸待劳	䷇ 8 比 反间计	䷖ 23 剥 关门捉贼	䷁ 2 坤 擒贼擒王

河图洛书

相传，上古伏羲氏时，今洛阳东北孟津县境内的黄河中浮出龙马，背负“河图”，献给伏羲。伏羲依此而演成八卦，后为《周易》来源。又相传，大禹时，今洛阳西洛宁县洛河中浮出神龟，背驮“洛书”，献给大禹。大禹依此治水成功，遂划天下为九州。又依此定九章大法，治理社会，流传下来收入《尚书》中，名《洪范》。《周易·系辞上》说“河出图，洛出书，圣人则之”，就是指这两件事。

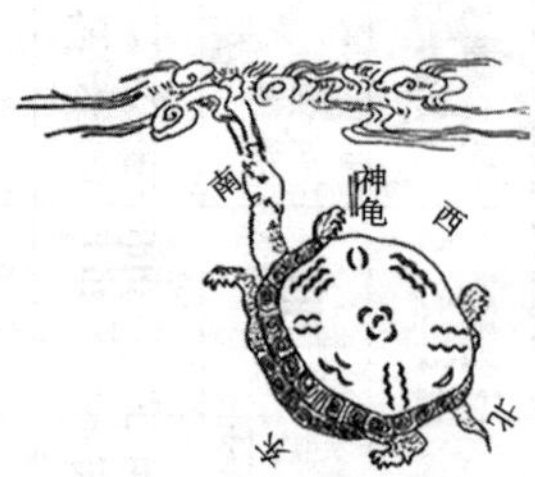

河图、洛书在先秦典籍中多有记载。《尚书·顾命》说："大玉，夷玉，天球，河图在东序。"《论语·子罕》称："子曰：凤鸟不至，河不出图，吾已矣夫！"《管子·小臣》讲："昔人之受命者，龙龟假，河出图，洛出书，地出乘黄，今三祥未见有者。"汉代刘歆、孔安国、扬雄、班固等人的著作中也屡有提及，但在宋朝之前，河图、洛书只有文字记述而没有图案。宋代时，道家一代宗师陈抟提出《龙图易》，《宋文鉴》中载有《龙图序》一文，讲到了龙图三变的说法，即一变为天地未合之数，二变为天地已合之数，三变为龙马负图之形，最后形成了河图、洛书两个图式。但是，陈抟在龙图三变之后，没有提到河图、洛书的名称。第一次给这两幅图命名的是北宋易学家刘牧，他精研陈抟所传《龙图易》，著书《易数钩隐图》，于是河图、洛书才为世人所知。总之，从现存的有关史料来看，河图、洛书的来源古老悠久、扑朔迷离，没有一个明确可靠的答案。

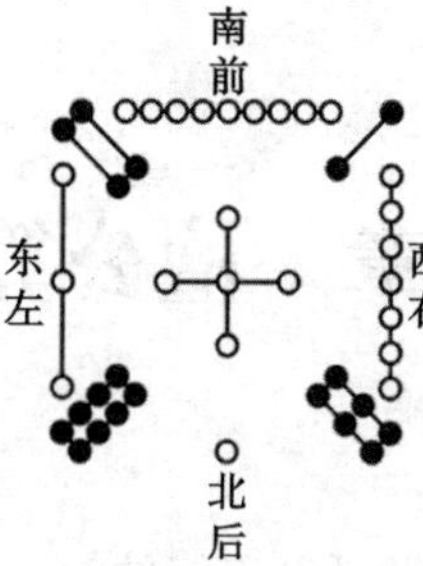

洛书

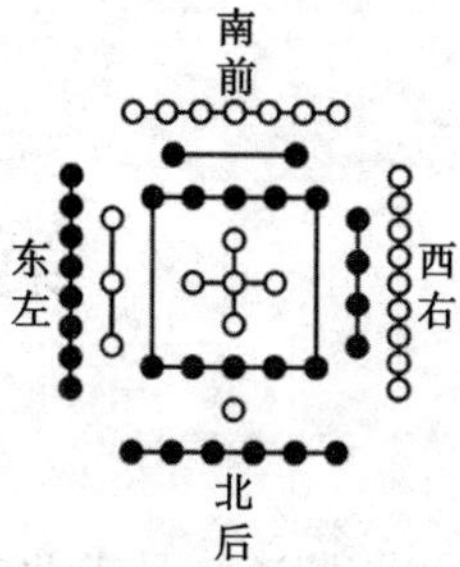

河图

从考古发现看，原始的河图雏形出现相当早。在陕西华县元君庙仰韶文化遗址出土的距今 6000 年左右的陶器上，有用锥刺成的 55 个小圆点组成的三角图案。专家研究认为，这个图案与古代河图著作所载的有关河图推演图极为相似，这可能就是原始的河图。西安半坡新石器晚期彩陶鱼纹具有分别表示从 1～9 条鱼的数的神秘意蕴，这种鱼纹彩陶是祭器，设于祭场，其数字排列与洛书相同。

第三章 檀公算法

檀道济是南北朝时期刘宋政权的第一名将，戎马一生，身经百战，功勋卓著，这不仅是因为他深通兵法，而且和他精通《周易》有着密切关系。每遇大战，檀道济必用其独创的“檀公算法”占卜对策，以《周易》之卦制定战略决策，以《三十六计》制定战术方案。因战时环境窘迫，“檀公算法”复杂繁博，所以又备有简明筮法以应临变之急，亦能同验。

一、操 行

根据“檀公算法”，占卜之人须遵循以下要求：

1. 选择外界干扰较少的清幽之处进行。
2. 备好纸笔及相关用具。
3. 起卦之人要净手，心平气和。
4. 不诚不测，求测之人心要诚。
5. 一事一测，最好就问一件事。
6. 无事不测，没有事情需问不测。
7. 重测不测，一测不合己意不可重测。

二、简明筮法

“檀公算法”中的简明筮法基本上用三枚五铢钱起卦，具体内容如下：

1. 摇钱：起卦人端坐于桌案前，气定神闲，双目微闭，或默祷不语，或轻祝："高苍不言，叩之即应。列圣有灵，感而自通。某姓虔诚，有事关心。狐疑犹豫，不能自决。吉得凶失，惟卦是凭。仰望圣慈，明彰昭报。"[①]然后两手将三枚铜钱合握于掌心，意念集注于所问之事。轻轻摇动掌内之钱，使之自然晃动三五次，随意掷于桌案之上，观察铜钱所呈图像。

2. 记爻：铜钱的字面为阴面，另一面为阳面。掷钱之后，三枚铜钱俱为阳面为"老阳"，记作"━ O"；三枚铜钱俱为阴面为"老阴"，记作"╍ X"；三枚铜钱一阳二阴为"少阳"，记作"━"；三枚铜钱二阳一阴为"少阴"，记作"╍"。为了方便，周易中还用数字与之对应：六对应老阴，八对应少阴，七对应少阳，九对应老阳。

3. 成卦：按照先后顺序，把六爻由下而上组成卦画，则卦成。

三、变卦和解卦

每卦都有卦辞和六个爻辞，而且吉凶并不相同，甚至完全相反，那么应该依据哪一条判断吉凶呢？这就涉及变卦的问题了。

变卦的原则是"老变少不变"。阴爻和阳爻分为四种：老阴、少阴、老阳、少阳。"老变少不变"是说，"老阴"变成阳爻，"老阳"变成阴爻，而少阴和少阳都不变。每卦的变爻数也不相同，有的没有，有的只有一个，而最多可以有六个。这就需要确定一个宜变之爻。

《周易·系辞传上》说："天一、地二，天三、地四，天五、地六，天七、地八，天九、地十。天数五，地数五，五位相得而各有合，天数二十有五，地数三十。凡天地之数五十有五，此所以成变化而行鬼神也。"这就是说，天地之数为五十五。

每卦有六爻，每爻对应的数分别是六、七、八、九，称为"四营"。

---

① (清)曹九锡，曹横琴著：《易隐·以钱代蓍法》，世界知识出版社 2011 年版。

每爻各有一种营数，六数之和称为卦的“营数”。如上例中豫卦的营数就是四十七。如六爻皆“六”，其营数为三十六；如六爻皆“九”，其营数为五十四。所有卦的营数都在三十六和五十四之间。

确定变卦的方法是，用天地之数五十五减去所摇卦的营数，以所得之差自初爻上数，数到上爻，至自上爻下数，数至初爻，再自初爻上数，如此折回数之，到差数尽时乃止，所止之爻即宜变之爻。

宜变之爻		初	二	三	四	五	上	上	五	四	三	二	初	初	二	三	四	五	上	上
数法及其所止	上爻						6	6 7	6 7	6 7	6 7	6 7	6 7	6 7	6 7	6 7	6 7	6 7	6 7 18	6 7 18 19
	五爻					5	5	5	5 8	5 8	5 8	5 8	5 8	5 8	5 8	5 8	5 8	5 8 17	5 8 17	5 8 17
	四爻				4	4	4	4	4	4 9	4 9	4 9	4 9	4 9	4 9	4 9	4 9 16	4 9 16	4 9 16	4 9 16
	三爻			3	3	3	3	3	3	3	3 10	3 10	3 10	3 10	3 10	3 10 15	3 10 15	3 10 15	3 10 15	3 10 15
	二爻		2	2	2	2	2	2	2	2	2	2 11	2 11	2 11	2 11 14	2 11 14	2 11 14	2 11 14	2 11 14	2 11 14
	初爻	1	1	1	1	1	1	1	1	1	1	1	1 12	1 12 13	1 12 13	1 12 13	1 12 13	1 12 13	1 12 13	1 12 13
差		1	2	3	4	5	6	7	8	9	10	11	12	13	14	15	16	17	18	19
卦之营数		54	53	52	51	50	49	48	47	46	45	44	43	42	41	40	39	38	37	36
天地之数		55	55	55	55	55	55	55	55	55	55	55	55	55	55	55	55	55	55	55

摇得之卦称为“本卦”，所变之卦称为“变卦”。变卦的各种情况分述如下：

1. 六爻皆七、八：此为不变之卦，不需求其宜之爻，以本卦卦辞判断。

2. 一爻为九、六：如此爻为宜变之爻，则变之而得变卦，主要以本卦变爻爻辞判断。例如：摇得井卦(䷯)，其营数为四十七，用五十五减四十七得八。依法数至五爻而尽，则五爻为宜变之爻。此时，五爻当为九，变为六(即五爻阳变阴)而成升卦(䷭)，主要以井卦九五爻辞判断。如此爻非宜变之爻，主要以本卦卦辞判断。

3. 两爻为九、六：如其一爻为宜变之爻，则变之而得变卦，主要以本卦变爻爻辞判断。如两爻均非宜变之爻，主要以本卦卦辞判断。

4. 三爻为九、六：如其一爻为宜变之爻，则变之而得变卦，主要以本卦变爻爻辞判断。如其三爻均非宜变之爻，则变三爻而得变卦，主要以本卦变卦卦辞综合判断。

5. 四爻为九、六：如其一爻为宜变之爻，则变之而得变卦，主要以本卦变爻爻辞判断。如四爻均非宜变之爻，则变四爻而得变卦，主要以变卦卦辞判断。

6. 五爻为九、六：如其一爻为宜变之爻，则变之而得变卦，主要以本卦变爻爻辞判断。如五爻均非宜变之爻，则变五爻而得变卦，主要以变卦卦辞判断。

7. 六爻皆九、六：此为全变之卦，不需求宜变之爻，变六爻而得变卦。如果是乾卦则变为坤卦，主要以乾卦用九爻辞判断。如果是坤卦则变为乾卦，主要以坤卦用六爻辞判断。如果是其他卦则得变卦后，主要以变卦卦辞判断。

概括而言，用天地之数与卦之营数确定变爻。不变之卦，则以本卦卦辞判断；全变之卦，则以变卦卦辞判断(乾、坤例外)。此外，若宜变之爻与可变之爻相配，则以本卦变爻爻辞判断。若宜变之爻与不变之爻不相配，可变之爻少于不变之爻，则以本卦卦辞判断；可变之爻多于不变之爻，则以变卦卦辞判断；可变之爻等于不变之爻，则以本卦、变卦卦辞综合判断。

变卦的方法还有多种，影响较大的如宋代大儒朱熹的变卦法。此处一并介绍一下。

筮得本卦后，若没有变爻，就用本卦的卦辞判断；若有变爻，则把变爻全部变动得到变卦，有六种情况：

1. 只有一个变爻时，以本卦变爻的爻辞判断。

2. 有两个变爻时，以本卦两个变爻的爻辞综合判断，并以位置靠上的变爻爻辞为主。

3. 有三个变爻时，用本卦卦辞并结合变卦卦辞判断，以本卦卦辞为主。

4. 有四个变爻时，用变卦的两个不变爻的爻辞判断，以下爻为主。

5. 有五个变爻时，用变卦的一个不变爻的爻辞判断。

6. 有六个变爻时，若六爻都是阳爻即乾卦，则“用九”判断；若六爻都是阴爻即坤卦，则“用六”判断；其余的情况都用变卦的卦辞判断。

附：

(一)简明筮法

用三枚五铢钱起卦。

1. 摇钱：起卦人端坐于桌案前，气定神闲，双目微闭，或默祷不语，或轻祝：“高苍不言，叩之即应。列圣有灵，感而自通。某姓虔诚，有事关心。狐疑犹豫，不能自决。吉得凶失，惟卦是凭。仰望圣慈，明彰昭报。”然后两手将三枚铜钱合握于掌心，意念集注于所问之事。轻轻摇动掌内之钱，使之自然晃动三五次，随意掷于桌案之上，观察铜钱所呈图像。

2. 记爻：铜钱的字面为阴面，花面为阳面。掷钱之后，若三枚铜钱俱为阳面或两阳一阴，则为阳爻，记为“—”；若三枚铜钱俱为阴面或两阴一阳，则为阴爻，记为“- -”。如此六次则得六爻。

3. 成卦：按着所摇的先后顺序，把六爻由下而上组成卦画。

4. 解卦：下三爻称为“下卦”，也叫“内卦”；上三爻称为“上卦”，也叫“外卦”。三爻共有八种不同的组合，即乾(☰)、坤(☷)、巽(☴)、兑(☱)、艮(☶)、震(☳)、离(☲)、坎(☵)。八卦相重共有六十四种不同的组合，这就是“六十四卦”。六爻摇出之后，先确定下卦和上卦，然后通过“六十四卦演生表”查找该卦的名称和序号，利用“檀公算”(铜盘)查找对应的计策，最后再按卦的序号在《卦计释义》中查找该卦的解读。例如，现在摇出一卦，从下往上排出来就是䷏。可以看出，下卦为坤，上卦为震，从“六十四卦演生表”中可以查出为豫卦，利用“檀公算”查找对应的计策是“隔岸观火”，最后从“卦计释义”中查找解读。

(二)蓍草筮法

《周易·系辞上》曰：“大衍之数五十，其用四十有九。分而为二以象两，挂一以象三，揲之以四以象四时，归奇于扐以象闰，五岁再闰，故再扐而后挂。”

这是最古老的筮法。此法需要准备蓍草(又称“策”)五十根和竹棍一根，竹棍是用来分蓍草的。今人采用此法，自然不必拘泥于此，如火柴棒、围棋子都可以。筮时取一根蓍草放置一边，仅用四十九根，具体操作如下。

一演：右手将四十九策任意分为两部分，以象征天地两仪，即所谓“分而为二以象两”。

二演:从右手堆中取一策放在一边,则四十九策分为三部分,象征天、地、人三才,即所谓“挂一以象三”。

三演:将右手堆剩余之策,按每四策为一组数之,象征春、夏、秋、冬四季轮在,即所谓“揲之以四以象四时”。

四演:数至最后,或余一策,或余二策,或余三策,或余四策,取而夹之左手指间,即所谓“归奇于扐以象闰”,象征每年都有闰余。

五演:取左手堆之策,按每四策为一组数之,数至最后,或余一策,或余二策,或余三策,或余四策,取而夹之左手指间,即所谓“五岁再闰”。

六演:取左手指间所夹之策放在一边,即所谓“故再扐而后挂”。

此六演合为“一变”。一变之后有两种结果:或剩余四十四策,或剩余四十策。

用剩余之策重复六演,此六演合称“二变”。二变之后有三种结果:或剩余四十策,或剩余三十六策,或剩余三十二策。

再用剩余之策重复六演,此六演合称“三变”。三变之后有四种结果:或剩余三十六策,或剩余三十二策,或剩余二十八策,或剩余二十四策。此四数除以四,分别得到九、八、七、六。至此初爻成,这就是所谓的“三变而成爻”。其中,九、七为奇数,通称“阳数”,分别为老阳、少阳;八、六为偶数,通称“阴数”,分别为少阴、老阴。阳数为阳爻,记为“**—**”,老阳则在画旁记“九”字,少阳在画旁记“七”字;阴数为阴爻,记为“**- -**”,少阴则在画旁记“八”字,老阴则在画旁记“六”字。

依上述方法重做五次,则六爻出而卦成。每卦六爻,每爻三变,故十八变乃成一卦,即所谓“十有八变而成卦”。

河　图

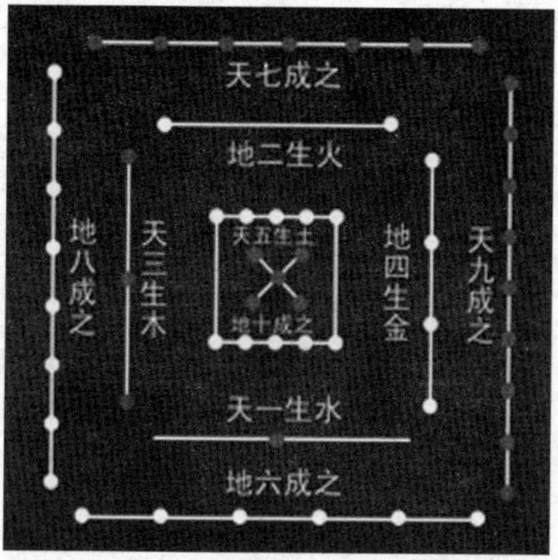

河图以白圈为阳，为天，为奇数；黑点为阴，为地，为偶数。图以十数合五方、五行、阴阳、天地之象，并以天地合五方，以阴阳合五行，如右图所示。

一与六共宗居北方，因天一生水，地六成之；二与七为朋居南方，因地二生火，天七成之；三与八为友居东方，因天三生木，地八成之；四与九同道居西方，因地四生金，天九成之；五与十相守居中央，因天五生土，地十成之。

河图与五星出没时节相关。五星按木、火、土、金、水的顺序，相继出现于北极天空，每星各行72天，五星合周天360度。每年十一月冬至前，水星见于北方，正当冬气交令，万物蛰伏，地面上唯有冰雪和水，故为水行。七月夏至后，火星见于南方，正当夏气交令，地面上一片炎热，故为火行。三月春分，木星见于东方，正当春气当令，草木萌芽生长，故为木行。九月秋分，金星见于西方，古代以金代表兵器，以示秋天杀伐之气当令，万物老成凋谢，故为金行。五月土星见于中天，表示长夏湿土之气当令，木、火、金、水引起的四时气候变化，皆从地面上观测出来，故为土行。河图合五行之图，左旋为五行相生。

五行运行以二十八宿为区划。二十八宿分为四象，每象各统领七个星宿。古代坐北朝南为正位，四象的位置就是：前朱雀，后玄武，左青龙，右白虎。这就是风水象形之源。

五行之数即五行之生数，就是水一、火二、木三、金四、土五，也叫“小衍之数”。一、三、五为阳数，其和为九，故九为阳之极数。二、四为阴数，其和为六，故六为阴之极数。阴阳之数合为十五，故化为洛书则纵横之和皆十五，也是阴阳五行之数。

河图用数为一至十，正是天干之数。所以，甲、己合为一、六共宗，乙、庚合为二、七同道，丙、辛合为三、八为朋，丁、壬合为四、九为友，戊、癸合为五、十同德。十天干经交合之后，化为天干交合之五行，将河图五行之体化为天干五行之用。

第四章　卦计释义

卦一　乾 ䷀（乾下乾上）

卦辞：元亨，利贞。

初九：潜龙，勿用。

九二：见龙在田，利见大人。

九三：君子终日乾乾，夕惕若，厉无咎。

九四：或跃在渊，无咎。

九五：飞龙在天，利见大人。

上九：亢龙，有悔。

用九：见群龙无首，吉。

释义：筮得乾卦，可举行盛大的祭祀活动，占问有利。

初九：龙潜伏于渊底，不宜有所作为。

九二：龙出现在宜居之地，利于见大人。

九三：君子白天勤勉于事，夜晚惕惧省思，虽处险境，但没有咎害。

九四：将欲跃出狭小的渊池，没有咎害。

九五：龙飞翔于天空，有贵人相助。

上九：龙飞过高，将有懊悔之事。

用九：群龙顺时而变，循环升腾，不见首尾，吉利。

乾卦——连环计

乾卦对应第三十五计"连环计":

将多兵众,不可以敌;使其自累,以杀其势。在师中吉,承天宠也。

释义:敌人兵多将广,就不能硬拼;要使敌人连续中计,自我牵制,借以削弱敌人的战斗力。将帅巧妙运筹帷幄,克敌制胜,就如同有上天护佑一样。

解说:连环计是多计并用,计计相连,环环相扣。只用一计,往往容易被对方识破。而一计套一计,计计连环,构成一个整体,作用就会大得多。

乾卦六爻依次是"潜龙""现龙""惕龙""跃龙""飞龙""亢龙",正好构成一个完整的循环,正如用九所言,群龙循环升腾,依时转化。此正如连环计一样环环相扣,构成一个整体。

卦二　坤䷁(坤下坤上)

卦辞:元亨,利牝马之贞。君子有攸往,先迷后得主,利。西南得朋,东北丧朋。安贞吉。

初六:履霜,坚冰至。

六二:直方,大,不习,无不利。

六三:含章,可贞,或从王事,无成有终。

六四:括囊,无咎无誉。

六五:黄裳,元吉。

上六:龙战于野,其血玄黄。

用六:利永贞。

释义：筮得坤卦，可举行盛大的祭祀活动，和母马有关的占问有利。君子贸然行动，起初可能会迷失方向，但随后会找到正路，有利。往西南方会得到朋友，往东北方则会损失朋友。占问平安则吉利。

初六：履践在秋霜上，坚冰也会顺次而至。

六二：正直端方，就会前程宏大，就能不折败，就没有不利。

六三：怀有美德，应该持中守正。如果追随君王做事，就算没有功业，也会有好结果。

六四：胸怀天下，功成而不露，没有灾患，也没有赞誉。

六五：华贵鲜亮的黄色衣裳穿在里面，吉庆无比。

上六：天龙和地龙搏战于野外，天龙之血青黑，地龙之血土黄。

用六：占问长远之事吉利。

坤卦——擒贼擒王

坤卦对应第十八计“擒贼擒王”：

摧其坚，夺其魁，以解其体。龙战于野，其道穷也。

释义：摧毁敌人的主力，擒住敌军的首领，就可以瓦解它的整体力量。这就是坤卦所说的“龙战于野”，其道穷也。

解说：统帅是整个军队的灵魂，一般都是“运筹于帷幄之中，决胜于千里之外”。如果统帅被擒，军队就会人心涣散，势在必败，所以统帅会受到周密的保护，不会轻易被擒。若是统帅被擒，则一定是军队已经陷入穷途末路之境，“其道穷也”。

而这种情况绝非一朝一夕突然出现的，肯定有一个“履霜，坚冰至”的渐进过程。作为统帅，应该像“黄裳元吉，文在中也”那样，永远居于军队层层保护的核心，而不是冲到作战的最前沿。统帅冲到作战前线，就像利锥一样脱颖而出，这是非常不谨慎的行为，和“括囊”的做法恰恰相反。这种统帅在品格上也是有缺陷的，肯定没有做到“直方”，即没有做到正直端方、谨守统帅之道；也没有做到“含章，可贞”，即怀有美德、守中持正，而是想通过冲到作战前线来表现自己的勇敢。

作为统帅，如果能按照坤卦的要求去做，就不会被对方“擒贼擒王”。反过来，要达到“擒贼擒王”的目的，就要想方设法让对方的统帅暴露出来。

卦三　屯䷂(震下坎上)

卦辞：元亨，利贞。勿用有攸往，利建侯。

初九：磐桓，利居贞，利建侯。

六二：屯如邅如，乘马班如。匪寇，婚媾。女子贞不字，十年乃字。

六三：即鹿无虞，唯入于林中，君子几不如舍。往吝。

六四：乘马班如，求婚媾；往吉，无不利。

九五：屯其膏，小贞吉，大贞凶。

上六：乘马班如，泣血涟如。

释义：筮得屯卦，可举行盛大的祭祀活动，占问有利。不利于出门迁徙，利于建立家园邦国。

初九：以大石为城墙，占问定居吉利，利于建立家园邦国。

六二：有多人乘马拥聚而来，又围绕着转行回旋。这不是敌寇来抢掠，而是来向女子求婚。贞问结果是女子不宜出嫁，十年后才能许嫁。

六三：君子逐鹿而没有掌管鸟兽的虞官相助，鹿进入森林之中，这时君子求之不如舍之。如仍然坚持求之，则困难重重。

六四：乘马转行回旋，求取女子婚配，前往吉利，没有什么不好。

九五：囤积肥肉，占问小事吉利，占问大事则有凶险。

上六：乘马盘桓不进，流泪不止。

屯卦——假痴不癫

屯卦对应第二十七计“假痴不癫”：

宁伪作不知不为，不伪作假知妄为。静不露机，云雷屯也。

释义：宁可假装无知而不行动，不可以假装知道而轻举妄动。这是屯卦的卦象，如同雷动被云势压住一样，暂时不露迹象，而最后一旦爆发，就会雷动震天。

解说：“假痴不癫”是一种麻痹对手、待机而动的计策。在环境不利于己的情况下，通过装聋作哑、装疯卖傻的办法，给敌方一种与世无争的印象，避免引起注意，从而达到避敌锋芒、后发制人的目的。“屯”的本义是草木初生之艰难。君子在草创基业时，要装出柔弱的样子，不露声机地暗中经营策划，悄悄屯聚力量。卦辞“勿用有攸往”，就是说不要轻易采取行动；“利建侯”就是说要建立部落定居下来，以囤积力量。

六爻都是言说屯居抢婚之事。初九说修筑坚固的围墙，以便安居；安居之后，六二说求婚繁衍，但婚期尚远；而后六三说逐鹿入林而不得，生活艰难；经过一段时间的积蓄，情况渐渐好转；六四再说求婚之事，终获应允；九五说积存生活之物，逐渐富强；上六说乘马抢婚成功，被抢的女子流泪不止。六爻以抢婚的过程为象征，说明在条件不利时不要贸然采取行动，而是要不露声色地积蓄力量，等待时机。

卦四　蒙䷃(坎下艮上)

卦辞:亨。匪我求童蒙,童蒙求我。初筮告,再三渎,渎则不告。利贞。

初六:发蒙,利用刑人,用说桎梏,以往吝。

九二:包蒙,吉。纳妇,吉。子克家。

六三:勿用取女,见金夫,不有躬,无攸利。

六四:困蒙,吝。

六五:童蒙,吉。

上九:击蒙,不利为寇,利御寇。

释义:筮得蒙卦,可举行亨祭。不是我求愚昧之人,是愚昧之人求我。初次筮问时,告诉他。再三筮问就不恭敬,不恭敬则不告。占问有利。

初六:去除愚昧,要用受到处罚的人作为警戒,利于民众免除牢狱之灾。有所行往会有困难。

九二:蒙昧于庖厨,吉利。为男子娶妻,吉利。儿子也成家立业。

六三:不可娶蒙昧之女,这样的女子只看到财富,容易引来丧身之祸,没有任何好处。

六四:蒙昧于困境,艰难。

六五:蒙昧于幼年,吉利。

上九:蒙昧于战争,不利于征战,利于抵御入侵。

蒙卦——借尸还魂

蒙卦对应第十四计“借尸还魂”：

有用者，不可借；不能用者，求借。借不能用者而用之，匪我求童蒙，童蒙求我。

释义：看上去有用的东西，可能由于种种原因而不能借用。看上去没有什么用途的东西，如果积极争取，反而能为我所用。不能借用的力量而最终为我所用，不是我求助于它，而是它求用于我。

解说：凡是自身能有所作为的人，往往难以驾驭和控制，因而不能为我所用；凡是自身蒙昧不能有所作为的人，往往需要依赖别人求得生存和发展，因而就有可能为我所用。将自身不能有作为的人加以控制和利用，这其中的道理，正如同幼稚蒙昧之人需要求助于足智多谋的人一样，而不是足智多谋的人需要求助于幼稚蒙昧的人。兵家要善于抓住一切机会，利用一切可以利用的条件，努力争取主动，乃至转败为胜。施用此计首先必须有“尸”，其次是附“魂”。

初六和九二两爻可以说是“借尸还魂”的具体运用——初六是借用“刑人”规范教育民众，九二是娶精于庖厨的女子为不通此道的男子服务。六三是从反面说明“借尸”有所选择，否则可能带来麻烦。六四是说施用此计时要认清自己所处的困境，否则情况更为艰难。六五是说处于困境之时，要像幼儿顺从长者一样，听取贤明之士的意见。上九则是说明此时采取的战略，即不要主动进攻，而要积极防守，等待时机。

卦五　需䷄(乾下坎上)

卦辞:有孚,光。亨。贞吉。利涉大川。

初九:需于郊,利用恒,无咎。

九二:需于沙,小有言,终吉。

九三:需于泥,致寇至。

六四:需于血,出自穴。

九五:需于酒食,贞吉。

上六:入于穴,有不速之客三人来,敬之,终吉。

释义:筮得需卦,战争有所俘虏,是光荣。可举行亨祭,所占卜的事吉利,利于涉越大江大河。

初九:停驻在郊野,利于持久等待,没有灾害。

九二:停驻在河边的沙滩上,略有不利,但终归无害。

九三:停驻在淤泥中,会招致贼寇的到来。

六四:停驻在沟洼中,陷入险境而从中逃出。

九五:停驻在酒食之前,则占问之事吉利。

上六:深入艰险之地,民众不召而来归附,恭敬而以礼相待,终得吉利。

需卦——欲擒故纵

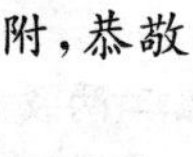

需卦对应第十六计"欲擒故纵":

逼则反兵,走则减势。紧随勿迫。累其气力,消其斗志,散而后擒,兵不血刃。需,有孚,光。

释义:逼迫敌人无路可走,他就会拼死反扑;若让他逃跑,则可减削他的气势。要紧紧跟随而不要急于逼迫围杀。要逐渐消耗他的体力，瓦解他的斗志，等到敌人士气沮丧、溃不成军时再一举擒获，就可以兵不血刃而取得胜利。这就要善于等待，要有耐心才能取得胜利。

解说：欲擒故纵这一计的要点是，对于残敌要留一条路让他逃跑，等敌人无力反抗时再一举擒获。这就需要等待时机，不要急于求成。

六爻构成了“欲擒故纵”的过程。初九说纵敌于郊外，还要让敌人继续逃跑。九二说纵敌于河边沙滩，追击略有不利。九三说敌人逃跑陷入淤泥中，我方追兵赶到。六四说我军进入沟洼之中，奋勇杀敌，然后离开险境。九五说胜利返回，大摆宴席庆功。上六说我军的行动彻底击溃敌人，又有敌兵自动前来归附。

卦六　讼 ䷅(坎下乾上)

卦辞：有孚窒惕，中吉，终凶。利见大人，不利涉大川。

初六：不永所事，小有言，终吉。

九二：不克讼，归而逋，其邑人三百户。无眚。

六三：食旧德，贞厉，终吉；或从王事，无成。

九四：不克讼，复即命渝。安贞吉。

九五：讼，元吉。

上九：或锡之鞶带，终朝三褫之。

释义：筮得讼卦，战争中抓获俘虏，但要时时忧惧警惕，过程中间吉利，但结局凶险。利于见大人，不利于涉越大河大川。

初六：不把事情做到底，虽然会受到一点责难，但结果吉利。

九二：封主在争讼中没有胜诉，归来后就逃走，其封邑中的三百户人家免于灾难。

六三：坐享祖上的荫禄，占问有危险，但终获吉利；如果追随君王做事，则不会成功。

九四：争讼没有胜诉，返回后遵从王命。占问平安之事则吉。

九五：诉讼，大吉。

上九：或许能得到大带的赏赐，然而在一天之间三次被夺回。

讼卦——指桑骂槐

讼卦对应第二十六计“指桑骂槐”：

大凌小者，警以诱之。刚中而应，行险而顺。

释义：强大者要控制弱小者，要用警戒的办法去诱导他。处于中枢地位而采取适当的强硬手段，可以威服属下，就是有点危险，也会一帆风顺。

解说：在军事上，凭借强大的实力并不一定能完全控制弱敌。为迫其归顺，需要采取“指桑骂槐”的计策去诱导和威慑敌军。在治军上，必要时一定要采取适当的强硬手段。一个有德、有信、有威的大将，必须严明法纪、雷厉风行，要善于抓住一两个突出的负面典型，从严处理，以使全体将士引以为戒。

对争讼的审判实质上是一种警告，相当于“指桑骂槐”的“骂”。争讼的审判者的权威不容置疑，各方都要听从，所以说“刚中而应”。争讼是一种有风险的事，各方要遵从审判的结果，所以说“行险而顺”。六爻都是“指桑骂槐”可能出现的各种结果。初六是说受到警告后改正错误，虽然受到责备，可因为及时纠正而得到好的结果。九二则是受到警诫的封主逃跑。六三则是有所收敛，但安于现状，不思进取，故难以成功。九四则是完全按照要求改正错误。九五则受到警诫后各方精诚团结，这是最好的结果。上九则是说没有受到警诫的一方，可能还会得到奖赏，但这种奖赏只是一种手段，随时可能会被收回。

卦七　师䷆(坎下坤上)

卦辞:贞丈人吉,无咎。

初六:师出以律,否臧凶。

九二:在师中,吉,无咎,王三锡命。

六三:师或舆尸,凶。

六四:师左次,无咎。

六五:田有禽,利执言,无咎。长子帅师,弟子舆尸,贞凶。

上六:大君有命,开国承家,小人勿用。

释义:筮得师卦,大人占问则吉,没有灾害。

初六:军队出动须有纪律,有人不遵守纪律则会隐藏凶险。

九二:主帅居于中军,吉利无凶险,君王三次赐命以奖其功。

六三:军队出征,或许会载尸而归,凶险。

六四:军队避退驻扎,则没有灾害。

六五:田猎得禽兽,如征战多俘虏,有利于执行命令,没有灾害。长子为主将,率领军队出征,次子载尸而归,占问凶险。

上六:国君有封赏的命令,或开国为诸侯,或受邑为大夫,但庶民不可有所作为。

师卦——连环计

师卦对应第三十五计“连环计”:

将多兵众,不可以敌;使其自累,以杀其势。在师中吉,承天宠也。

释义:敌人兵多将广,就不能硬拼;要使敌人连续中计,自我牵制,借以削弱敌人的战斗力。将帅巧妙运筹帷幄,克敌制胜,就如同有上天护佑一样。

解说:连环计是多计并用,计计相连,环环相扣。只用一计,往往容易被对方识破。而一计套一计,计计连环,构成一个整体,作用就会大得多。“在师中吉,承天变也”语出师卦之九二爻象辞。

六爻都说军队出征之事,也是用连环计的过程。初六说军纪。九二说主帅领军出征,居于中军,君王三次赐命激励将士。六三说敌军强大,正面对抗有极大的风险。六四则是为了规避风险而退后驻扎,谋划施用连环计。六五则是用计成功,多有俘获。上六则因战功受到封赏。

卦八 比 ䷇(坤下坎上)

卦辞:吉。原筮元。永贞无咎。不宁方来,后夫凶。

初六:有孚比之,无咎。有孚盈缶,终来有它,吉。

六二:比之自内,贞吉。

六三:比之匪人。

六四:外比之,贞吉。

九五:显比。王用三驱,失前禽。邑人不诫。吉。

上六:比之无首,凶。

释义:筮遇此卦吉利。原有之占筮是,可举行大亨之祭。问长久之事则没有灾害。不安分的小国前来归附,拖延犹豫者将有凶险。

初六:战争中有所俘虏,并对他们进行安抚,没有害处。俘虏劳作收获之物盛满盆罐,一直没有什么变故,吉利。

六二:本身具有让人亲附的德行,占问吉利。

六三:亲附了不应该亲近的人。

六四：诸侯民众前来亲附，占问吉利。

九五：展示令人亲附的德行。君王用围遮三面、前开一面的方法围猎，放走前逃的猎物。民众不警戒、拦阻诸侯前去亲附。吉利。

上六：没有可以亲附的人，凶险。

比卦——反间计

比卦对应第三十三计“反间计”：

疑中之疑。比之自内，不自失也。

释义：在值得怀疑的地方再布疑阵。内部精诚团结，就不会出现失误。

解说：古人按语说：间者，使敌自相疑忌也；反间者，因敌之间而间之也。故意设置重重疑阵，使敌人的间谍为我所用，或使敌人获取假情报而有利于我的计策。反间计的关键是“以假乱真”，造假要造得巧妙、逼真，才能使敌人信以为真，作出错误的判断，采取错误的行动。

比卦六爻从多方面阐述亲附之道。初六说安抚战俘，初步展现自己的亲善之行。六二说君王本性和蔼可亲，具有让人亲近归附的德行。六三是从民众的角度说的，无所归附的民众归附非人。六四说各地的方国找到归附的君王，纷纷前来归附。九五则进一步展现自己的德行，以安抚众多方国民众。上六则从反面说明，没有找到可以归附的君王，十分凶险。反间计引用六二之象辞“比之自内，不自失也”，即不中敌方反间计的关键在于内部精诚团结，使敌人无机可乘。反过来说，如果敌人内部“比之匪人”或“比之无首”，我方则有机可乘，可用“反间计”破敌。

卦九　小畜䷈(乾下巽上)

卦辞:亨。密云不雨,自我西郊。

初九:复自道,何其咎?吉。

九二:牵复,吉。

九三:舆说辐,夫妻反目。

六四:有孚,血去,惕出,无咎。

九五:有孚挛如,富以其邻。

上九:既雨既处,尚德载。妇贞厉。月几望,君子征凶。

释义:筮遇此卦,可以举行祭祀活动。浓云从西边吹来,越聚越多,但还没有降雨。

初九:小家畜外出觅食从原路返回,怎么会有灾害呢?当然吉利。

九二:把外出觅食的小家畜牵回家,吉利。

九三:用小家畜拉车,车与轴之间的绳开脱,夫妻俩互相埋怨。

六四:小家畜生下来,没有忧虑了,还要小心照料,没有灾害。

九五:生下很多小家畜,送一些给邻人喂养。

上九:雨已降下,又已停止,还用小家畜拉车。妇女赶车,占问有危险;月圆之夜,男子赶车出征,有凶险。

小畜卦——无中生有

小畜卦对应第七计"无中生有"之"少阴":

诳也,非诳也,实其所诳也。少阴,太阴,太阳。

释义：运用假象欺骗对方，但并非一假到底，而是巧妙地变虚为实，变假为真。开始用小的假象，继而用大的假象，最后巧妙地把假象变成真相。

解说：此计的关键在于真假要有变化，虚实必须结合，一假到底易被敌人发觉，难以制敌。应先假后真，先虚后实，无中必须生有。指挥者必须抓住敌人已被迷惑的有利时机，迅速地以"真"、以"实"、以"有"，也就是以出奇制胜的速度攻击敌方，敌人在头脑还来不及清醒时，即被击溃。此计可分解为三部曲：第一步，示敌以假，让敌人误以为真；第二步，让敌方识破我方之假，掉以轻心；第三步，我方变假为真，让敌方仍误以为假。这样，敌方思想已被扰乱，主动权就被我方掌握。

此卦卦辞设置了一个场景：浓云西来，越聚越多，将要下雨。在此场景下，六爻说关于小家畜的各种情况。初九说有的小家畜见将要下雨而从原路返家。九二说有的小家畜不知道回家，主人把它牵回。九三说夫妻二人用小家畜拉车，结果车绳开脱，两人相互埋怨。六四说生下小家畜。九五说生下很多小家畜，养不过来，送一些给邻人。上九则说雨过之后，用小家畜拉车还能行车。但只有妇女赶车，力量不够，会有危险。如果是男子月圆之夜赶车征战，则有凶险。

小家畜虽然也是家畜，但力量小不会拉车，虽有家畜之形而无家畜之实，可视为家畜之假象。但小家畜会逐渐长大，由假而真。

大畜卦讲大家畜之事，对应"太阴"。大有卦则是说变假为真，对应"太阳"。

卦十　履䷉(兑下乾上)

卦辞:履虎尾,不咥人。亨。

初九:素履往,无咎。

九二:履道坦坦。幽人贞吉。

六三:眇能视,跛能履,履虎尾,咥人,凶。武人为于大君。

九四:履虎尾,愬愬。终吉。

九五:夬履,贞厉。

上九:视履。考祥其旋,元吉。

释义:筮得履卦,跟在老虎尾巴后面行走,但老虎并没有咬人。通顺。

初九:以朴素坦白的态度行事,没有灾害。

九二:行走在平坦的大道上。囚禁之人占问吉利。

六三:目盲而视物,足跛而行路,跟在老虎尾巴后面行走,被老虎咬了,凶险。这就像勇武而鲁莽之人做了大国的国君。

九四:跟在老虎尾巴后面行走,但能时时戒惧谨慎,终可获吉。

九五:急躁莽撞行事,占问有危险。

上九:明察环境而后谨慎行事。周详地考虑审察,绕道而行。大吉。

履卦——釜底抽薪

履卦对应第十九计"釜底抽薪":

不敌其力,而消其势,兑下乾上之象。

释义:不直接面对敌人的锋芒,而是间接地消磨敌人的气势。

这是履卦之兑下乾上的卦象。

解说:锅里的水沸腾不止,依靠的是火的力量。沸腾的水和猛烈的火都势不可挡,而锅底下的薪柴却是可以接近的。强大的敌人虽然一时阻挡不住,但避其锋芒,突然袭击敌人的薄弱之处,以削弱其气势,这就是釜底抽薪的计策。"履"为"兑下乾上",上卦为乾为天,下卦为兑为泽。抽去锅底下的薪柴,则水止沸而不能升于天,依然保持兑下乾上之态,故说"兑下乾上之象"。

此卦卦辞和爻辞都是以"履虎尾"为喻,说明做事要谨慎周详的道理。老虎虽然强大,但我小心地尾随其后,而不正面与它对抗,便不会有危险。

卦十一　泰䷊(乾下坤上)

卦辞:小往大来,吉。亨。

初九:拔茅茹,以其汇,征吉。

九二:包荒,用冯河,不遐遗,朋亡,得尚于中行。

九三:无平不陂,无往不复,艰贞无咎。勿恤其孚,于食有福。

六四:翩翩,不富以其邻,不戒以孚。

六五:帝乙归妹,以祉元吉。

上六:城复于隍,勿用师。自邑告命,贞吝。

释义:筮遇此卦,将失小得大,以少换多,吉利,可以举行祭祀活动。

初九:拔出茅草而得到它的根茎,征伐吉利。

九二:厨房空了,渡河去寻找食物。不依赖别人的馈赠,在半路就用钱财换取了食物。

九三:没有只平坦而不倾斜的道路,也没有只去往而无回复的事情。占问艰难之事没有咎害。不吝啬自己的小牲畜送与他人，在食物上将得到他人更多的馈赠。

六四：洋洋自得而不把多余之物送给邻居分享，不用多余的小牲畜预留后路。

六五：殷王帝乙把女儿嫁给周文王，为周邦之王妃，因此得福，大吉大利。

上六：城中传出命令，军队不要出征，自护城河边返回城里。贞问有艰难。

泰卦——瞒天过海

泰卦对应第一计“瞒天过海”：

备周则意怠，常见则不疑。阴在阳之内，不在阳之对。太阳，太阴。

释义：防备十分周密，往往使人思想麻痹；习以为常的事，就不容易产生怀疑。秘密常潜藏在公开的事物里，而不存在于公开的事物之外。事物完全公开暴露，阴谋就潜藏在其中。

解说：“瞒天过海”是指用人们习以为常的事物作掩护，使对方失去警觉，出其不意地采取行动，从而达到制胜的目的。此计的兵法运用，常常是着眼于人们在观察处理世事中，由于对某些事情习见不疑而自觉不自觉地产生了疏漏和松懈，故能乘虚而示假隐真，掩盖某种军事行动，把握时机，出奇制胜。这说明，隐秘的行动和公开的事物是紧紧联系在一起的。

泰卦上卦为坤，下卦为乾。下乾表日气上腾，上坤表川水下注，阴阳相交，云行雨施，象征天地通泰。正所谓“阴在阳之内，不在阳之对”。

卦十二　否 ䷋(坤下乾上)

卦辞:否之匪人,不利君子贞。大往小来。

初六:拔茅茹,以其汇。贞吉,亨。

六二:包承,小人吉,大人否,亨。

六三:包羞。

九四:有命,无咎。畴离祉。

九五:休否,大人吉。其亡其亡,系于苞桑。

上九:倾否。先否,后喜。

释义:筮遇此卦如遇小人,不利于君子贞问。将失大得小,失多得少。

初六:拔出茅草而得到它的根茎。贞问吉利,可以举行祭祀活动。

六二:厨房中有生肉,用于祭祀鬼神,庶民吉利;贵族仅献生肉则不利。

六三:厨房中有熟肉。

九四:君王有赏赐之令,既寿且福,没有咎害。

九五:终止闭塞,大人吉利。要居安思危,好运就像根深叶茂的桑树一样。

上九:暂时闭塞。开始困而闭塞,最终喜而亨通。

否卦——瞒天过海

否卦对应第一计“瞒天过海”:

备周则意怠,常见则不疑。阴在阳之内,不在阳之对。太阳,太阴。

释义:防备十分周密,往往使人思想麻痹;习以为常的事,就不容易产生怀疑。秘密常潜藏在公开的事物里,而不存在于公开的事物之外。事物完全公开暴露,阴谋就潜藏在其中。

解说:"瞒天过海"是指用人们习以为常的事物作掩护,使对方失去警觉,出其不意地采取行动,从而达到制胜的目的。此计的兵法运用,常常是着眼于人们在观察处理世事中,由于对某些事情习见不疑而自觉不自觉地产生了疏漏和松懈,故能乘虚而示假隐真,掩盖某种军事行动,把握时机,出奇制胜。这说明,隐秘的行动和公开的事物是紧紧联系在一起的。

否卦上卦乾阳上蒸,下卦坤阴内敛,阴阳不交,象征天地隔塞。隔塞终不可久,否极而泰来。

卦十三　同人䷌(离下乾上)

卦辞:同人于野,亨。利涉大川。利君子贞。

初九:同人于门,无咎。

六二:同人于宗,吝。

九三:伏戎于莽,升其高陵,三岁不兴。

九四:乘其墉,弗克,攻,吉。

九五:同人先号咷而后笑,大师克相遇。

上九:同人于郊,无悔。

释义:聚众于野外进行训练,可以举行祭祀活动。利于涉越大江大河。利于君子占问。

初九:聚众于王门进行动员,没有灾害。

六二:聚众于宗庙进行祈祷,会有困难。

九三:派兵潜伏于草莽间窥视敌人,登上高陵以侦察敌情,这样准备了三年都没有出兵征讨。

九四：进攻敌人登上了城墙，尚未攻入城内，要继续攻击，吉利。

九五：兵众聚在一起，先是嚎啕大哭，而后欢呼欣喜，因为大军及时赶到击败敌人。

上九：聚众于郊外班师祭祀，没有大困厄。

同人卦——抛砖引玉

同人卦对应第十七计"抛砖引玉"：

类以诱之，击蒙也。

释义：用类似的东西诱惑敌人，使敌人在懵懵懂懂之中上当受骗。

解说："抛砖引玉"是一种先予后取的计谋，对敌是以小的代价换取大的胜利，对友则是以一定的条件结为同盟，为我所用。

全卦都是说战争之事。卦辞说在野外进行训练，以提高战斗力。初九说宣传动员，以团结民众。六二是率众在宗庙祈祷，以受命于祖先。九三说详细地侦察敌情。如此准备了三年都没有兴兵征讨。九四则终于迎来时机，向敌人发动进攻，登上了城墙，仍然猛烈攻击，不给敌人以喘息之机。九五是说进攻并不顺利，遭遇失败，幸好大批援军及时赶到，将敌人击败。上九就是班师返回，到城郊时举行祭祀活动，告于天地。这是一个完整的战争经过。此卦名为"同人"，意为聚合众人以同心同德，也正是所谓的"类以诱之"。

卦十四　大有䷍(乾下离上)

卦辞：元亨。

初九：无交害，匪咎，艰则无咎。

九二:大车以载。有攸往,无咎。

九三:公用亨于天子。小人弗克。

九四:匪其彭,无咎。

六五:厥孚,交如威如,吉。

上九:自天佑之,吉,无不利。

释义:大丰收。可以举行盛大的祭祀活动。

初九:丰收之后,人们不相互侵害,没有灾患,遇到艰难也没有灾患。

九二:丰收之后,用大车装载运到家。有所行往,没有灾害。

九三:丰收之后,公侯献上贡品为君王助祭。庶民不能参与。

九四:丰收之后,盛满很多竹筐妥善保存,没有灾害。

六五:丰收之后,公侯更得庶民信赖,衣饰华美,容貌威严,吉利。

上九:获得丰收是上天的保佑,吉祥,无所不利。

大有卦——无中生有

大有卦对应第七计"无中生有"之"太阳":

诳也,非诳也,实其所诳也。少阴,太阴,太阳。

释义:运用假象欺骗对方,但并非一假到底,而是巧妙地变虚为实,变假为真。开始用小的假象,继而用大假象,最后巧妙地把假象变成真相。

解说:此计的关键在于真假要有变化,虚实必须结合,一假到底易被敌人发觉,难以制敌。应先假后真,先虚后实,无中必须生有。指挥者必须抓住敌人已被迷惑的有利时机,迅速地以"真"、以"实"、以"有",也就是以出奇制胜的速度攻击敌方,敌人在头脑还来不及清醒时,即被击溃。此计可分解为三部曲:第一步,示敌以假，让敌人误以为真；第二步，让敌方识破我方之假，掉以轻心；第三步，我方变假为真，让敌方仍误以为假。这样，敌方思想已被扰乱，主动权就被我方掌握。

此卦专门记叙五谷丰登景况。初九是说丰收之后，人们不互相抢夺。九二是说收获很多，要用大车运送到家中。九三是说丰收之后公侯极为富有，在君王祭祀时献上贡品助祭。九四是说把收获的东西盛放在竹筐里，保存好。六五是说公侯在丰收之后威望更高，服饰更华美，也更有威严。上九则是把丰收归功于上天的保佑。

对于无中生有之计而言，此卦对应计谋的第三步，即“太阳”，也就是经过前两步的铺垫，我方已变假为真，是真有，是“大有”。而敌人仍以为是假，没有任何戒备。

卦十五　谦䷎(艮下坤上)

卦辞：亨，君子有终。

初六：谦谦，君子用涉大川，吉。

六二：鸣谦，贞吉。

九三：劳谦，君子有终，吉。

六四：无不利，㧑谦。

六五：不富以其邻，利用侵伐，无不利。

上六：鸣谦，利用行师，征邑国。

释义：筮遇此卦，可举行祭祀活动。君子会有好的结果。

初六：君子敬守谦逊之道，有利于涉渡大江大河，吉利。

六二：君子明察事理而谦逊，占问吉利。

九三：君子劳苦功高而谦逊，会有好的结果，吉利。

六四：君子奋勇直前而谦逊，无往不利。

六五：富裕而谦说贫穷，因而不助邻为善，应该声讨侵伐，没有任何不利。

上六：君子名声在外而更加谦逊，宜于出师征战，使小国归附。

谦卦——空城计

谦卦对应第三十二计“空城计”：

虚者虚之，疑中生疑。刚柔之际，奇而复奇。

释义：如果兵力空虚，就故意显示出更加空虚的样子，在可疑的地方就故意让他更加疑惑。使敌人处在疑与不疑之间，这就会产生非常奇妙的效果。

解说：空城计是一种心理战术。在己方无力守城的情况下，故意向敌人暴露城内空虚，就是所谓“虚者虚之”。敌方产生怀疑，就会犹豫不前，就是所谓“疑中生疑”。在敌强我弱的情况下，故意把本来空虚的样子通过夸张的方式显示出来，从而使敌人产生怀疑，进而造成判断和决策失误。

谦卦是讲谦逊的专卦。“虚者虚之”是一种军事上的谦逊之道。

卦十六　豫䷏(坤下震上)

卦辞：利建侯，行师。

初六：鸣豫，凶。

六二：介于石，不终日，贞吉。

六三：盱豫，悔迟，有悔。

九四：由豫，大有得，勿疑朋盍簪。

六五：贞疾，恒不死。

上六:冥豫,成。有渝,无咎。

释义:筮遇此卦,利于封侯建国,出师征战。

初六:自鸣壮大,凶险。

六二:清高孤傲如石,但不固持终日,占问吉利。

六三:逸乐自大,不能及时悔悟,有困厄。

九四:自大受到批评,就会更加壮大,不要怀疑朋友的指责。

六五:纠正自大的毛病,永远不会败亡。

上六:隐藏壮大之象,就会获得成功。如有变故,也无咎害。

豫卦——隔岸观火

豫卦对应第九计“隔岸观火”:

阳乖序乱,阴以待逆。暴戾恣睢,其势自毙。顺以动,豫。豫顺以动。

释义:当敌人内部矛盾激化甚至相互倾轧、分崩离析的时候,我方应暗中静观敌变,坐待敌方局面进一步恶化。敌人穷凶极恶,自相仇杀,必然自取灭亡。我军顺势而动,坐收渔人之利。

解说:“豫”是卦名,“顺以动,豫。豫顺以动”引自其彖辞,意思是说,顺应时势而动就会发展壮大,发展壮大之后还要顺应时势而动。此计正是运用本卦顺时以动的哲理,坐观敌人的内部恶变,我不急于采取攻逼手段。“坐山观虎斗”,让敌人自残自杀,时机一到我即坐收其利,一举成功。

卦名“豫”的意思是“大”。因为大,所以应该分封侯建国,也利于出师征战。初六自鸣壮大,意即展示实力,骄傲自大,所以凶险。六二是自大清高,但没长久固持而有所改变,所以吉利。六三是因为自大而骄逸享乐,不能及时改正就会有困厄。九四是说自大的毛病受到朋友的批评,改正缺点后就会健康发展壮大。六五是说纠正缺点,改正错误,就会永远立于不败之地。上六则是说不把壮大展示出来,仍然谦虚谨慎,就会获得成功。六爻是面对敌人的内乱,我方采取的应对措施。敌人内乱就会使我方相应强大,但不要向敌人展示这种强大,从而使敌人因受到威胁而团结起来。面对敌人的内乱,还保持清醒,时刻警惕,虚心接受批评,以便及时采取正确的应对措施。

卦十七　随䷐(震下兑上)

卦辞:元亨,利贞,无咎。

初九:官有渝,贞吉,出门交有功。

六二:系小子,失丈夫。

六三:系丈夫,失小子。随有求得,利居贞。

九四:随有获,贞凶。有孚在道以明,何咎。

九五:孚于嘉,吉。

上六:拘系之,乃从,维之。王用亨于西山。

释义:筮遇此卦,可举行大亨之祭。贞问有利。没有灾害。

初九:管理民众的办法有所变化,占问吉利,走出家门沟通民众将有收获。

六二:追随无知贱民,失去尊贵贤人。

六三:追随尊贵贤人,失去无知贱民。跟对人将会有所收获,占问居处有利。

九四:逐猎却被捕俘,贞问有凶险。被俘虏后,在路上就盟誓跟从,没有灾害。

九五:被俘后参加宴会,吉利。

上六:周文王被拘禁起来,诸侯都跟从他一起坐牢,因此被放回归来。周文王因此在岐山举行祭祀活动。

随卦——浑水摸鱼

随卦对应第二十计“浑水摸鱼”：

乘其阴乱，利其弱而无主。随，以向晦入宴息。

释义：抓住敌人内部发生混乱、无人指挥而力量削弱的时机，我方趁势获取利益，就像一到晚上就进屋休息一样。

解说：鱼在混浊的水中晕头转向，乘机摸鱼可以得到意外的好处。此计用于军事，是指当敌人混乱无主时乘机夺取胜利的谋略。在复杂的战争中，弱小的一方经常会动摇不定，这里就有可乘之机。更多的时候，这个可乘之机不能只靠等待，而应主动去制造。一方主动去把水搅浑，情况开始复杂起来，然后可借机行事。

卦名“随”是顺从之意。初九是说如何管理顺从自己的民众，即要多和民众交流，了解民意。六二、六三是说追随主人要有所选择，跟对了人就会获得好处，生活安定。九四是说打猎追逐猎物，不小心被别人俘虏。被俘之后，在路上就盟誓顺从他。九五则是说被俘而顺从之后，受到主人的看重而参加宴会。上六是说周文王被商纣王囚禁的故事。六爻都是说追随主人之事。当没有主事之人时，再多的人也是乌合之众，就要“乘其阴乱，利其弱而无主”。此卦的象辞说：“泽中有雷，随。君子以向晦入宴息。”意为人要顺应天时，到晚上就当入室休息。此计运用此象之理，是说打仗时要善于抓住敌方的可乘之隙，乱中取利。

卦十八　蛊䷑(巽下艮上)

卦辞:元亨。利涉大川。先甲三日,后甲三日。

初六:干父之蛊,有子考无咎,厉终吉。

九二:干母之蛊,不可贞。

九三:干父之蛊,小有悔,无大咎。

六四:裕父之蛊,往见吝。

六五:干父之蛊,用誉。

上九:不事王候,高尚其事。

释义:筮遇此卦,可举行盛大的祭祀活动。甲日前三天的辛日和甲日后三天的丁日,此七天内有利于涉渡大江大河。

初六:习行父亲之事以去其蛊惑,有这样的儿子,父亲没有灾害。习行时有危险,结果吉利。

九二:习行母亲之事以去其蛊惑,不可固执不变。

九三:习行父亲之事以去其蛊惑,习行少将会后悔,但没有大的灾害。

六四:光大父亲之事以去其蛊惑,行动之中会遇到困难。

六五:光大父亲之事以去其蛊惑,会得到赞誉。

上九:不为国君、公侯服务,而应重视习行父辈之事以承父业。

蛊卦——金蝉脱壳

蛊卦对应第二十一计“金蝉脱壳”:

存其形,完其势;友不疑,敌不动。巽而止,蛊。

释义:保持原有形貌,完善原有形势,造成保持原有状态的假象。这种伪装即使是友军也不会怀疑,敌军更不会轻举妄动。沉静地保持原有态势,这是蛊卦的含义。

解说:“金蝉脱壳”是一种“摆脱”谋略,是在十分危急的情况下,为保存生命或军事实力而先稳住敌人的军事行动。其关键是如何使敌人毫无警觉,而我方乘敌人不惊疑之际脱离险境,就可安然躲过战乱之危。

蛊卦的上卦艮为山,为止,下卦巽为风,为谦逊,“巽而止”意为低调谦逊地保持原有态势。此卦六爻都是说习行父辈的本领以继承父业。继承父业不仅要继承学习,以“存其形”,还要发扬光大,以“完其势”。当然,在习行的过程中会遇到各种困难,甚至危险,但只要坚持下去,就会有好的结果,会得到赞誉,将来才有可能为国君做事,成就一番事业。

卦十九 临䷒(兑下坤上)

卦辞:元亨,利贞,至于八月有凶。

初九:咸临,贞吉。

九二:咸临,吉无不利。

六三:甘临,无攸利;既忧之,无咎。

六四:至临,无咎。

六五:知临,大君之宜,吉。

上六:敦临,吉,无咎。

释义:筮遇此卦,可举行盛大的祭祀活动,贞问吉利。到了八月有灾祸。

初九:用感化的政策治理人民,贞问吉利。

九二:用温和的政策治理人民,吉利,没有什么不好的。

六三:用高压政策治理人民,没有什么好处;如果对此忧虑而改变政策，则没有灾害。

六四：国君亲自处理政事，没有灾害。

六五：采取适宜的政策治理人民，是大国之君应该做到的，吉利。

上六：以敦厚之道治理人民，吉利，没有灾害。

临卦——以逸待劳

临卦对应第四计“以逸待劳”：

困敌之势，不以战。损刚益柔。

释义：欲使敌军受困疲乏，并不一定要直接进攻敌军。可以采取积极防御、逐渐消耗敌人有生力量的策略，使敌军由强变弱，而我军由弱变强。

解说：敌方气势正旺，我军不宜直接进攻。正确的做法是掌握战争的主动权，积极调动敌人，使敌人因“劳”损势，而我军以静制动，待敌人因“劳”而势困之时，我军再一举破敌。运用“以逸待劳”之计的关键在于从战争的全局来分析把握双方情势，这就要求将帅要高屋建瓴地看问题，从“临”和“观”的高度来看问题。

临卦上为坤为地，下为兑为泽，地在泽上，地高泽卑，有君主监临百姓之象。应用于军事，则要求将帅要站在“地”的高度审视“泽”，也就是从战争全局角度看敌我双方的情势对比。初九的感化政策、九二的温和政策和上六的敦厚之道，都是“不以战”，六三的高压政策则是“困敌之势”而采取的调动敌人的措施。而具体措施是什么，则需要将帅做到六四的“至临”，即充分了解战争情势，从而如六五“知临”一样，采取聪明睿智的办法。

卦二十　观䷓(坤下巽上)

卦辞:盥而不荐,有孚颙若。

初六:童观,小人无咎,君子吝。

六二:窥观,利女贞。

六三:观我生,进退。

六四:观国之光,利用宾于王。

九五:观我生,君子无咎。

上九:观其生,君子无咎。

释义:祭祀时灌酒敬神,而没有献牲,祭祀者虔诚肃敬,心存恭敬。

初六:幼稚地观察,小人没有灾害,君子就有困难。

六二:狭隘地观察,女子占问有利。

六三:观察本国部族的政绩,以决定用贤辞愚。

六四:观察国家政绩风俗,利于朝觐君王。

九五:观察本国部族的政绩,君子做事可以避免灾害。

上九:观察他国部族的政绩,君子做事可以避免灾害。

观卦——以逸待劳

观卦对应第四计"以逸待劳":

困敌之势,不以战。损刚益柔。

释义:欲使敌军受困疲乏,并不一定要直接进攻敌军。可以采取积极防御、逐渐消耗敌人有生力量的策略,使敌军由强变弱,而我军由弱变强。

解说:敌方气势正旺,我军不宜直接进攻。正确的做法是掌握战争的主动权，积极调动敌人，使敌人因“劳”损势，而我军以静制动，待敌人因“劳”而势困之时，我军再一举破敌。运用“以逸待劳”之计的关键在于从战争的全局来分析把握双方情势，这就要求将帅要高屋建瓴地看问题，从“临”和“观”的高度来看问题。

观卦是谈观察国事方法的卦。卦辞是说观察祭祀情况，祭祀不在于献牲多少，而在于内心是否虔诚恭敬。初六是幼稚地观察，六二是狭隘地观察，都不是正确的观察方法。六三是观察本族之人事，六四是观察国家风貌。九五和上九是说既要观察本族，也要观察外族，并进行比较以确定得失。这些方法对于统领军队的将帅来说，都是适用的。作为将帅，不能幼稚、狭隘地看问题，既要审察我方情势，也要明了敌方情势，从战略高度确定战法。

卦二十一　噬嗑 ䷔（震下离上）

卦辞：亨。利用狱。

初九：屦校灭趾，无咎。

六二：噬肤灭鼻，无咎。

六三：噬腊肉，遇毒。小，吝，无咎。

九四：噬干胏，得金矢。利艰贞，吉。

六五：噬干肉，得黄金。贞厉，无咎。

上九：何校灭耳，凶。

释义：可以举行祭祀活动。有利于讼狱刑罚。

初九：脚上戴着刑具，割掉了脚趾，仍可劳作，没有咎害。

六二：贪吃肥肉，割掉了鼻子，仍可劳作，没有咎害。

六三：贪吃干腊肉中了毒。吃得少，仍可劳作，有艰难，没有咎害。

九四：贪吃带骨头的干肉，发现骨上有铜箭头，没有误食。利于贞问艰难之事，吉利。

六五：贪吃干肉，发现肉中有铜箭头，没有误食。贞问有危险，但没有咎害。

上九：肩上戴着刑具，割掉了耳朵，将有凶祸。

噬嗑卦——上屋抽梯

噬嗑卦对应第二十八计“上屋抽梯”：

假之以便，唆之使前，断其援应，陷之死地。遇毒，位不当也。

释义：故意露出一些破绽，给敌人提供便利条件。诱使敌人深入，乘机切断其后援和前应，使其陷于绝境。如同贪吃腊肉而中毒一样，这是因为位置不当。

解说：运用“上屋抽梯”之计，要制造某种使敌方觉得有机可乘的局面，引诱敌方做某事或进入某种境地，然后截断退路，使其陷于绝境。敌人一般不会轻易上当，所以应该先给敌人安放好“梯子”，也就是故意给以方便。等敌人“上楼”之后即可拆掉“梯子”，围歼敌人。安放“梯子”大有学问，对性贪之敌，则以利诱之；对情骄之敌，则示以我方之弱以惑之；对莽撞无谋之敌，则设下埋伏以使其中计。总之，要根据情况，巧妙地安放“梯子”，使敌中计。

“遇毒，位不当也”，出自噬嗑卦之六三爻象辞。意思是说，如果因为贪图某种利益而去了不应该去的地方，做了不应该做的事，就会遭遇灾祸。此卦是专讲讼狱刑罚，也是因为行为不当而受到惩罚。

卦二十二　贲䷕(离下艮上)

卦辞:亨。小利有攸往。

初九:贲其趾,舍车而徒。

六二:贲其须。

九三:贲如濡如,永贞吉。

六四:贲如皤如,白马翰如,匪寇,婚媾。

六五:贲于丘园,束帛戋戋,吝,终吉。

上九:白贲,无咎。

释义:可举行亨祭,有所行往则可获小利。

初九:脚穿花鞋,不坐车而徒步行走,前去迎亲。

六二:须发容貌修饰一新。

九三:迎亲的彩车装饰得鲜泽光美,贞问长久之事吉利。

六四:白色的骏马高大强壮,装饰华美,不是前来抢劫的贼寇,而是迎娶新娘。

六五:女方把家园装饰一新,男方的聘礼仅仅是一束布帛,女家嫌少而起争议,有困难,最终吉利。

上九:装饰清素,没有咎害。

贲卦——树上开花

贲卦对应第二十九计"树上开花":

借局布势,力小势大。鸿渐于陆,其羽可用为仪也。

释义:借助某种局面或手段布成有利的阵势,兵力弱小但可使阵势显出强大的样子。这就像鸿雁羽翼渐丰,能飞上高山,其羽毛可以作为文舞的仪饰了。

解说：树上本没有花，但可以人为地粘上五颜六色的假花，如真花一样相互衬托，交相辉映，使人误认为树上开满了花。此计用在军事上，指的是自己的力量比较小，却可以借友军势力或借某种因素制造假象，使自己的阵营显得强大。也就是说，在战争中要善于借助各种因素来为自己壮大声势。

“贲”有文饰之意，其六爻写太阳落山、黄昏娶妇之事。婚娶必有文饰，必有彩礼，故初九饰其服，六二饰其容，九三饰其车，六四饰其马，六五饰其园，上九则娶妇回家而饰极返朴。虽然文饰焕然一新，但男方的聘礼很少，并非多么富有，这正与“树上开花”之计相合。

卦二十三　剥 ䷖（坤下艮上）

卦辞：不利有攸往。

初六：剥床以足，蔑，贞凶。

六二：剥床以辨，蔑，贞凶。

六三：剥之，无咎。

六四：剥床以肤，凶。

六五：贯鱼以宫人，宠，无不利。

上九：硕果不食，君子得舆，小人剥庐。

释义：筮遇此卦，有所行往则不利。

初六：床脚被剥蚀，脱落了。贞问凶险。

六二：床板被剥蚀，脱落了。贞问凶险。

六三：略有剥蚀，没有咎害。

六四：床席被剥蚀，凶险。

六五：用绳穿鱼赏赐给官员，以示笼络，没有什么不利。

上九：有丰硕的劳动果实而不能享用，君子得之用以造车，百姓失之以至没有屋舍。

剥卦——关门捉贼

剥卦对应第二十二计“关门捉贼”：

小敌困之。剥，不利有攸往。

释义：对弱小或者数量较少的敌人，应包围起来歼灭。弱小的敌人行动灵活，不宜穷追不舍。

解说：“贼”指出没无常、偷袭我军的游击队伍。这种“贼”兵一旦逃脱，就会使情况变得复杂。如果穷追不舍，其可能会拼死反扑，或者我军在追击途中遭遇伏击。所以，对付这种敌人的最好办法就是断其后路，围而歼之。如果门关不紧，让敌人脱逃，千万不可轻易追赶，以免中了敌人的诱兵之计。

“剥，不利有攸往”，是引用的剥卦卦辞，其意为：有所行往则不利。此计引此卦辞，是说对小股敌人要即时围困消灭，如果逃脱则不宜急追或者远袭。初六、六二、六四都是说剥蚀之后而脱落，于计则是敌人逃脱，若追赶则有凶险。六三则是敌人逃脱很少，不用追赶。

卦二十四　复䷗(震下坤上)

卦辞：亨。出入无疾。朋来无咎。反复其道，七日来复。利有攸往。

初九：不远复，无祇悔，元吉。

六二：休复，吉。

六三：频复，厉，无咎。

六四：中行独复。

六五：敦复，无悔。

上六：迷复，凶。有灾眚。用行师，终有大败，以其国君凶。至于十年不克征。

释义：可举行祭祀。出行归来未生疾病，有朋友来没有咎害。出行者往返于道中，七天往返一次。有利于出门。

初九：出行不远就返回，没有遭遇大问题，大吉。

六二：出行结束而返回，吉利。

六三：愁眉苦脸地返回，前有危险，知难而退没有咎害。

六四：与人同行而独自一人半路返回。

六五：听人劝告而返回，无悔恨之事。

上六：迷路之后而想返回，凶险，会有灾难。行军征战终有大败，连累到国君也有凶险，以至于十年都不能出兵征战。

复卦——打草惊蛇

复卦对应第十三计“打草惊蛇”：

疑以叩实，察而后动。复者，阴之媒也。

释义：发现了疑点就应当查实清楚，弄清楚之后再有所行动。反复侦察分析敌情，是发现阴谋的重要手段。

解说：“打草惊蛇”计是一种先侦察探视敌情，然后再采取行动的进攻谋略。在对敌情不明或感到疑惑时，“打草”以探知虚实，辨明真伪，避免掉入敌人设置的陷阱和圈套。“打草”一旦惊动“蛇”，就可以了解敌情，明确攻击目标，或避强击虚以保全实力。

“复者，阴之媒也”，是说反复侦察以了解敌情，这是发现敌人阴谋的重要手段。复卦卦辞“反复其道，七日来复”，意指多次往返,正可作为此计反复侦察敌情的注解。初九是首次试探性的侦察,半路就返回。六二是一次完整的侦察。六三则是发现了敌情,及时返回报告。六四是几人出去侦察,发现情况后一人返回报告,其他人继续侦察。上六是说侦察敌情时迷路了,说明地势复杂,难以了解敌情,非常凶险。

卦二十五　无妄䷘(震下乾上)

卦辞:元亨,利贞。其匪正有眚。不利有攸往。

初九:无妄往,吉。

六二:不耕获,不菑畬,则利有攸往。

六三:无妄之灾,或系之牛,行人之得,邑人之灾。

九四:可贞,无咎。

九五:无妄之疾,勿药有喜。

上九:无妄行,有眚,无攸利。

释义:可举行盛大的祭祀活动,利于贞问。不守正道则有灾祸。不利有所行往。

初九:意料之外地外出做事,吉利。

六二:不耕种而有收获,不开垦荒地而有熟田耕种,利于有所行往。

六三:意料之外的灾祸,邑人将牛拴于某处,过路的人顺手牵走,这是邑人的意外之灾。

九四:贞问之事可行,没有咎害。

九五:偶然得了意外小病,不用吃药也会痊愈。

上九:毫无目的地漫行,会有灾祸,没什么好处。

无妄卦——顺手牵羊

无妄卦对应第十二计“顺手牵羊”：

微隙在所必乘，微利在所必得。少阴，少阳。

释义：敌人的某些漏洞即使很小，也一定要趁机利用。再微小的利益，也一定要努力争取。要善于捕捉时机，伺机而动，变敌方的小疏漏而为我方的小胜利。

解说：“顺手牵羊”之计的实施，要在不影响主攻目标、确保主要任务完成的前提下，利用敌人出现的小疏忽或小漏洞，创造和捕捉战机以获取战果。此计的要点在于“顺手”，以很小的代价即可获得较大的战果。

无妄卦都是说意外之事。卦辞是说不守正道就会出现小漏洞，从而为人所乘而有灾祸。初九、六二都是说有意外收获，六三是说行人“顺手牵牛”，九四是说此事可行，都是就有所得而言。九五说得意外小病不药而愈，上九说无事漫行游荡则会出现疏忽，这是就有所失而言。要避免疏忽而被人“顺手牵羊”，就要遵守卦辞的警戒——“其匪正有眚”，做到永守正道，不做非分之事。计中所言“少阴”指小的疏忽，“少阳”指小的收获。收获虽小，但可积少成多。

卦二十六　大畜䷙(乾下艮上)

卦辞：利贞。不家食吉。利涉大川。

初九：有厉，利已。

九二：舆说辐。

九三：良马逐。利艰贞。日闲舆卫，利有攸往。

六四:童牛之牿,元吉。

六五:豮豕之牙,吉。

上九:何天之衢,亨。

释义:贞问吉利。大家畜不闲在家里饲养,出外谋食,吉利。有利于涉渡大江大河。

初九:大家畜外出遇到危险,宜于停止活动。

九二:车身与车轴脱离。

九三:驾驭良马以驰逐争斗,宜于停止下来。良马得到休息,车辆坚好,有利于行往。

六四:给公牛套木架,以免其角伤人,大吉。

六五:用围栏圈住大猪,吉利。

上九:得到上天的庇佑,做事亨通。

大畜卦——无中生有

大畜卦对应第七计"无中生有"之"太阳":

诳也,非诳也,实其所诳也。少阴,太阴,太阳。

释义:运用假象欺骗对方,但并非一假到底,而是巧妙地变虚为实,变假为真。开始用小的假象,继而用大假象,最后巧妙地把假象变成真相。

解说:此计的关键在于真假要有变化,虚实必须结合,一假到底易被敌人发觉,难以制敌。应先假后真,先虚后实,无中必须生有。指挥者必须抓住敌人已被迷惑的有利时机,迅速地以"真"、以"实"、以"有",也就是以出奇制胜的速度攻击敌方,敌人在头脑还来不及清醒时,即被击溃。此计可分解为三部曲:第一步,示敌以假,让敌人误以为真;第二步,让敌方识破我方之假,掉以轻心;第三步,我方变假为真,让敌方仍误以为假。这样,敌方思想已被扰乱，主动权就被我方掌握。

大畜卦通说大家畜。卦辞说大家畜宜于外出谋食。初九是说外出谋食会遇到危险，这时应该停下来。九二是说大家畜拉车时车身与车轴脱离，要停下来维修。九三是说驾驭良马奔逐争斗，容易车马受伤，不如停下来休息。六四说公牛容易用角伤人，要用木架加以限制。六五是说大猪不要放出去，宜于圈养。上九则是说家畜养大之后能加以限制，就会得到上天的庇佑。家畜养大之后容易伤人，应加以限制。对于“无中生有”之计而言，此卦对应于第二步“太阴”，也就是说做到这种情况之后要适时而止，不要画蛇添足，否则反而引起敌人的怀疑。

卦二十七　颐䷚(震下艮上)

卦辞：贞吉。观颐，自求口实。

初九：舍尔灵龟，观我朵颐。凶。

六二：颠颐，拂经于丘颐，征凶。

六三：拂颐，贞凶。十年勿用，无攸利。

六四：颠颐，吉。虎视眈眈，其欲逐逐。无咎。

六五：拂经，居贞吉。不可涉大川。

上九：由颐，厉，吉。利涉大川。

释义：贞问吉利。观察思考谋生之道，必须自力更生以解决生计问题。

初九：舍弃自己的灵龟肉不吃，而羡慕别人口中的食物，凶险。

六二：慎重解决生计问题，在山坡上垦荒开田。为生计而去抢劫食物，凶险。

六三：不能谋生自养，贞问凶险。十年都不可能有所作为，没有什么好处。

六四:慎重解决生计问题,吉利。打猎时像老虎一样盯着猎物,获取猎物的愿望十分强烈,没有咎害。

六五:在山坡上垦荒开田,贞问安居之事吉利。不可涉渡大江大河。

上九:遵循正道自谋生计,虽经危难而终获吉利。有利于涉渡大江大河。

颐卦——围魏救赵

颐卦对应第二计“围魏救赵”:

共敌不如分敌,敌阳不如敌阴。

释义:正面攻打兵力集中的强敌,不如先用计谋分散敌军的兵力,然后再各个击破。正面攻打强敌,不如迂回到敌军薄弱的后方,伺机歼灭敌人。

解说:颐卦下卦为震为动,上卦为艮为止,像人咀嚼食物时下颚动而上颚不动。人通过咀嚼食物以养生,所以颐卦的意思就是谋生。人最大、最基本的问题就是生计问题,这也是人最薄弱的地方。找到敌方的这种薄弱之处加以攻击,敌人就很容易溃败。这就是“敌阳不如敌阴”。

卦二十八　大过 ䷛(巽下兑上)

卦辞:栋桡,利有攸往。亨。

初六:藉用白茅,无咎。

九二:枯杨生稊。老夫得其女妻,无不利。

九三:栋桡,凶。

九四:栋隆,吉;有它,吝。

九五:枯杨生华。老妇得其士夫,无咎无誉。

上六:过涉灭顶,凶,无咎。

释义:遭遇大洪水,房屋的栋梁塌陷,利于外出。应举行祭祀活动。

初六:祭品用白茅铺垫,对神非常恭敬,没有咎害。

九二:杨树被淹而枯萎,又重新发芽。老年男人娶年轻女子为妻,没有什么不好。

九三:遭遇大洪水,房屋的栋梁塌陷,凶险。

九四:遭遇大洪水,但房屋高大,栋梁高隆,吉利。仍会有意外的事故,境遇艰难。

九五:杨树被淹而枯萎,又重新开花。老妇人嫁于年轻男子,没有咎害,也没有好处。

上六:遭遇大洪水,涉渡河水会被淹没头顶,凶险,终归没有咎害。

大过卦——树上开花

大过卦对应二十九计“树上开花”:

借局布势,力小势大。鸿渐于陆,其羽可用为仪也。

释义:借助某种局面或手段布成有利的阵势,兵力弱小但可使阵势显出强大的样子。这就像鸿雁羽翼渐丰,能飞上高山,其羽毛可以作为文舞的仪饰了。

解说:树上本没有花,但可以人为地粘上五颜六色的假花,如真花一样相互衬托,交相辉映,使人误认为树上开满了花。此计用在军事上,指的是自己的力量比较小,却可以借友军势力或借某种因素制造假象,使自己的阵营显得强大。也就是说,在战争中要善于借助各种因素来为自己壮大声势。

大过卦上卦为兑为泽，下卦为巽为木，意思是水势过盛而淹没毁折木栋。树木被淹而无花，正需要“借局布势”以使“枯杨生华”。

卦二十九　坎䷜(坎下坎上)

卦辞：习坎，有孚维心，亨，行有尚。

初六：习坎，入于坎，窞。凶。

九二：坎有险，求小得。

六三：来之坎，坎险且枕。入于坎，窞，勿用。

六四：樽酒簋贰，用缶纳约自牖，终无咎。

九五：坎不盈，祇既平，无咎。

上六：系用徽纆，置于丛棘，三岁不得。凶。

释义：筮遇此卦，会遇到重重危险，被俘之人诚心听命则做事亨通，出行做事将得嘉赏。

初六：陷阱危险重重，误入则被囚于其中，凶险。

九二：陷阱之中有危险，误入其中只能小有所得。

六三：来到陷阱旁查看，坎坑又险又深。误入而被囚禁其中，不可有所行动。

六四：一樽之酒，二簋之饭，用盆装着，从坎牢的窗户拿进送出。俘虏得此待遇，结果没有危险。

九五：坎牢中的水没放满，坎坑低且平整。俘虏得此待遇，没有危险。

上六：用绳索把犯人捆住，关进四周有丛棘的监狱中，三年还不能使犯人屈服，将会被处决。凶险。

坎卦——空城计

坎卦对应第三十二计“空城计”：

虚者虚之，疑中生疑。刚柔之际，奇而复奇。

释义：如果兵力空虚，就故意显示出更加空虚的样子，在可疑的地方就故意让他更加疑惑。使敌人处在疑与不疑之间，这就会产生非常奇妙的效果。

解说：空城计是一种心理战术。在己方无力守城的情况下，故意向敌人暴露城内空虚，就是所谓“虚者虚之”。敌方产生怀疑，就会犹豫不前，就是所谓“疑中生疑”。在敌强我弱的情况下，故意把本来空虚的样子通过夸张的方式显示出来，从而使敌人产生怀疑，进而造成判断和决策失误。

正如初六所言，在敌人重重包围之下，兵力空虚的城池就是一座牢狱，是十分凶险的。身陷其中，不能奢望有大的收获，不能采取鲁莽的行动，只能设法自保。这是九二和六三提供的办法。如果敌人疑中生疑而没有采取果断行动，这就如同六四和九五那样得到了比较好的结果。如果敌人仍然不肯退去，长期围困，那就凶险了。

卦三十　离䷝(离下离上)

卦辞：利贞，亨。畜牝牛，吉。

初九：履错然，敬之，无咎。

六二：黄离，元吉。

九三：日昃之离，不鼓缶而歌，则大耋之嗟。凶。

九四：突如其来如，焚如，死如，弃如。

六五：出，涕沱若，戚嗟若。吉。

上九：王用出征，有嘉折首，获匪其丑。无咎。

释义：筮遇此卦，利于贞问，可以举行祭祀活动。把罗网捕到的母牛饲养起来，吉利。

初九：布置罗网时要小心谨慎，警惕戒备，没有灾祸。

六二：天空中出现黄色的龙形云彩，大吉大利。

九三：黄昏时天空出现龙形云彩是凶兆，如果不击鼓唱歌以解除之，老人们就会悲哀叹息。凶险。

九四：焚烧森林以驱逐野兽，使其来回突奔撞到罗网上。有的野兽被烧死，只好丢弃。

六五：误入罗网，泪如雨下，忧伤叹息，后来终于逃脱。吉利。

上九：在君王的率领下征伐敌人，将战而胜之，斩获敌人的首领，抓获很多俘虏。将全身而返，没有咎害。

离卦合计——关门捉贼

离卦对应第二十二计“关门捉贼”：

小敌困之。剥，不利有攸往。

释义：对弱小或者数量较少的敌人，应包围起来歼灭。弱小的敌人行动灵活，不宜穷追不舍。

解说：“贼”指出没无常、偷袭我军的游击队伍。这种“贼”兵一旦逃脱，就会使情况变得复杂。如果穷追不舍，其可能会拼死反扑，或者我军在追击途中遭遇伏击。所以，对付这种敌人的最好办法就是断其后路，围而歼之。如果门关不紧，让敌人脱逃，千万不可轻易追赶，以免中了敌人的诱兵之计。

离卦之名本义为罗网，古人以网捕捉禽兽。初九为布置罗网，九四为驱逐野兽以捕捉。六五是说误入罗网而终于逃脱。“离”又引申为丽，故六二、九三说天空中出现龙形云彩，古人也以此定吉凶。上九则是跟随君王出征，离别家人，也是“离”的引申义。关门捉贼如同布置好罗网请君入瓮，然后困而捉之。

卦三十一　咸䷞(艮下兑上)

卦辞：亨。利贞。取女吉。

初六：咸其拇。

六二：咸其腓，凶。居吉。

九三：咸其股，执其随。往吝。

九四：贞吉，悔亡。憧憧往来，朋从尔思。

九五：咸其脢，无悔。

上六：咸其辅颊舌。

释义：可举行祭祀活动，贞问吉利。娶女为妻，吉利。

初六：触动她的大脚趾。

六二：触动她的小腿肚，凶险。居家不出，吉利。

九三：抚动她的大腿，带动小腿。出行会遇困难。

九四：贞问吉利，没有悔恨。往来交际，女友乐于随从。

九五：抚摸她的肩背，没有悔恨。

上六：亲吻她的脸颊和舌头。

咸卦——美人计

咸卦对应第三十一计“美人计”：

兵强者，攻其将；将智者，伐其情。将弱兵颓，其势自萎。利用御寇，顺相保也。

释义:如果敌人兵力强大,就设法打击其将帅;如果敌人的将帅明智,就要挫败他的意志。敌人的将帅斗志衰弱,兵卒士气低落,敌军的战斗力自然就会丧失殆尽。这样做有利于抵御敌人,保卫自己。

解说:"美人计"是一种以柔克刚的损敌谋略。在无法直接胜敌的情况下,针对敌人贪图安逸享乐的弱点,以色诱敌,使其意志萎靡,丧失战斗力。对于兵力强大、将帅明智的敌人,不能硬拼,只能以柔克刚。用美女悦敌,去其强势,消其斗志,可以激起兵士对将帅的抱怨,促使其离心离德。

咸卦卦辞"取女吉",意为当用美人计。六爻正是敌人中计的真实写照。

卦三十二　恒䷟(巽下震上)

卦辞:亨,无咎,利贞。利有攸往。

初六:浚恒。贞凶,无攸利。

九二:悔亡。

九三:不恒其德,或承之羞。贞吝。

九四:田无禽。

六五:恒其德,贞,妇人吉,夫子凶。

上六:振恒,凶。

释义:可举行祭祀活动,没有咎害,贞问吉利。有利于出行。

初六:浚河浚进不止以求其深,过深将崩。贞问凶险,没有什么好处。

九二:悔恨之事消去。

九三:种田、狩猎不能常有所得,或许会得到他人送来的食物。贞问艰难。

九四：田猎没有收获。

六五：种田狩猎能常有所得。妇女贞问吉利，男人会遇到凶险。

上六：雷雨常下不止，凶险。

恒卦——声东击西

恒卦对应第六计“声东击西”：

敌志乱萃，不虞，坤下兑上之象，利其不自主而取之。

释义：在敌人情志混乱地聚合在一起时，出其不意进行攻击，如同洪水横流一样，在敌人不能控制局势的情况下一举取胜。

解说：制造要攻打东边的声势，实际上却攻打西边，使对方产生错觉，以此出奇制胜。

“恒”是恒久不变的意思，六爻从正反两方面说恒久不变带来的结果。运动是恒常的，恒久不变常常带来凶险的后果，所以要根据实际情况作出灵活的变化。“声言击东，其实击西”，表象和本质是不一样、不恒定的。作为将帅要作出正确的判断，必须随时了解对方的情势，据此及时调整作战部署，不能一成不变。

卦三十三 遁䷠(艮下乾上)

卦辞：亨。小利贞。

初六：遁尾，厉。勿用有攸往。

六二：执之用黄牛之革，莫之胜说。

九三：系遁，有疾，厉。畜臣妾吉。

九四：好遁，君子吉，小人否。

九五：嘉遁，贞吉。

上九:肥遁,无不利。

释义:可举行亨祭。占问小事有利。

初六:隐遁尾却露出头,并不是真要隐遁,将有危险。不利于出行。

六二:隐遁者骑的马被用黄牛皮绳拴住,使之不能逃脱。

九三:隐遁者心有所牵挂,会生小病,危险。畜养臣仆侍妾吉利。

九四:喜欢隐遁,君子吉利,庶民则不利。

九五:赞美隐遁,贞问吉利。

上九:远走高飞隐遁起来,没有什么不利。

遁卦——走为上

遁卦对应第三十六计“走为上”:

全师避敌。左次无咎,未失常也。

释义:全军退却,避开强敌。以退为进,寻机破敌,这并不违背正常的兵法。

解说:走为上,指在敌我力量悬殊的不利形势下,采取有计划主动撤退的策略,以避开强敌,寻找战机。

遁卦专讲隐遁。穷则独善其身,达则兼济天下。世事不利,就“走为上”,及时隐遁起来,以保全自身。

卦三十四　大壮 ䷡(乾下震上)

卦辞:利贞。

初九:壮于趾,征凶,有孚。

九二:贞吉。

九三：小人用壮，君子用罔，贞厉。羝羊触藩，羸其角。

九四：贞吉，悔亡。藩决不羸，壮于大舆之辐。

六五：丧羊于易，无悔。

上六：羝羊触藩，不能退，不能遂，无攸利。艰则吉。

释义：吉利的占问。

初九：脚趾受伤，征伐有凶险，会被俘获。

九二：贞问吉利。

九三：庶民杀伐动乱，会受到贵族君子的法纲制裁，贞问有危险。公羊冲撞篱笆，羊角被撞坏。

九四：贞问吉利，不好的事情过去了。公羊冲破篱笆，角没被卡住，又撞到大车的轮子而受伤。

六五：殷王亥在有易国畜牧牛羊，先丧失了羊，没有懊悔之事。

上六：公羊冲撞篱笆，角被卡住，进退两难，没有什么好处。停下来则吉利。

大壮卦——以逸待劳

大壮卦对应第四计“以逸待劳”：

困敌之势，不以战。损刚益柔。

释义：欲使敌军受困疲乏，并不一定要直接进攻敌军。可以采取积极防御、逐渐消耗敌人有生力量的策略，使敌军由强变弱，而我军由弱变强。

解说：敌方气势正旺，我军不宜直接进攻。正确的做法是掌握战争的主动权，积极调动敌人，使敌人因“劳”损势，而我军以静制动，待敌人因“劳”而势困之时，我军再一举破敌。

大壮卦用公羊冲撞篱笆为喻，说明自恃蛮力而四处冲撞非常危险，会出现各种不好的后果。正确的做法是安静下来，以逸待劳，即“艰则吉”。

卦三十五　晋䷢(坤下离上)

卦辞：康侯用锡马蕃庶，昼日三接。

初六：晋如摧如，贞吉。罔孚，裕无咎。

六二：晋如愁如，贞吉。受兹介福于其王母。

六三：众允，悔亡。

九四：晋如鼫鼠，贞厉。

六五：悔亡。失得勿恤，往吉，无不利。

上九：晋其角，维用伐邑，厉吉，无咎，贞吝。

释义：康侯进攻异国，一天三次获胜，俘获很多马献于周王。

初六：进攻而打垮敌人，贞问吉利。没有掠夺财物，没有咎害。

六二：进攻而迫降敌人，贞问吉利。将会得到祖母的丰厚赏赐。

六三：获得众人的信任，悔事消失。

九四：本应进攻却胆小如鼠，贞问有危险。

六五：悔恨之事已经消除。不须考虑得失，前往必然吉祥，没有什么不利。

上九：用坚锐之兵征伐属邑，虽有危险但吉而无咎，贞问有艰难。

晋卦——反客为主

晋卦对应第三十计“反客为主”：

乘隙插足，扼其主机，渐之进也。

释义：把握时机，乘隙插足进去，掌握敌人的要害之处，这不能操之过急，要循序渐进。

解说：在战争中，要努力变被动为主动，争取掌握战争的主动权。“主”指处于主导地位的主权所有者、支配者、主动者和统治者，“客”指处于被动地位的依附者、被支配者、被控制者。反客为主即处于被支配地位的“客”夺取主导地位。反客为主是一种实现攻防关系转化的谋略，也就是我方处于被动地位时，通过把握战机，循序渐进，变被动为主动。

晋卦都是说进攻敌人，反客为主的要义也就在于进攻。只有不断寻找战机进攻，才能逐渐掌握战争的主动权，才能变被动为主动。

卦三十六　明夷䷣(离下坤上)

卦辞：利艰贞。

初九：明夷于飞，垂其翼。君子于行，三日不食。有攸往，主人有言。

六二：明夷，夷于左股，用拯马壮，吉。

九三：明夷于南狩，得其大首，不可疾贞。

六四：入于左腹，获明夷之心，于出门庭。

六五：箕子之明夷，利贞。

上六：不明，晦。初登于天，后入于地。

释义：贞问艰难之事有利。

初九：太阳鸟在空中飞行，因左股受伤而垂敛左翼。君子出行艰难，连续多日没有吃饭。有所行往，会受到主人责难。

六二：太阳鸟被射中左股，幸得壮马乘坐而仍明亮于空中，吉利。

九三:在南方射中太阳鸟,天空中只剩下一个硕大的太阳,不能长时间飞行。

六四:箭从左腹射入,直达太阳鸟的心脏,受伤的太阳鸟从门庭前飞过。

六五:箕子遭受明夷之祸被其兄纣王囚禁,后被周王放出。贞问吉利。

上六:太阳落山,大地晦暗。太阳初升于天空,后入于地中。

明夷卦——调虎离山

明夷卦对应第十五计"调虎离山":

待天以困之,用人以诱之,往蹇来连。

释义:等待形势对敌方不利时再去围困,并用人为的假象诱惑敌方,使敌方丧失优势,寸步难行。

解说:调虎离山之计在军事上主要是指在敌人占据有利地势、我方处于不利境地时,不与敌人硬拼,而是用智慧把强敌调出其有利的地势,使其处于相对不利的环境,我方再趁机歼灭。

明夷卦说的是"后羿射日"的古代故事。最后一个太阳鸟被射中受伤,仍能在天空中飞行,只是飞行一段时间之后就要休息一下,此时就会太阳落山,大地晦暗。天空对于太阳正如大山对于老虎一样重要,太阳鸟被射中而落入地下,正像是老虎被调离大山一样。

卦三十七　家人 ䷤(离下巽上)

卦辞:利女贞。

初九:闲有家,悔亡。

六二:无攸遂,在中馈,贞吉。

九三:家人嗃嗃,悔厉吉;妇子嘻嘻,终吝。

六四,富家,大吉。

九五:王假有家,勿恤。吉。

上九:有孚威如,终吉。

释义:利于妇女贞问。

初九:居家时时提防戒备,没有悔恨之事。

六二:妇女无所行往,在家中料理家务。贞问吉利。

九三:家人嗷嗷愁苦则勤勉谨慎,虽有悔有险而终归吉利;妇女和孩子嬉戏作乐则肆无忌畏,最终遭遇艰难。

六四:使家庭富裕起来,吉利。

九五:君王到臣民之家,不必忧虑,吉利。

上九:家法威严使家人不敢胡作非为,最终吉利。

家人卦——抛砖引玉

家人卦对应第十七计“抛砖引玉”:

类以诱之,击蒙也。

释义:用类似的东西诱惑敌人,使敌人在懵懵懂懂之中上当受骗。

解说:“抛砖引玉”是指用类似的事物去迷惑、诱骗敌人,使其懵懂上当而中圈套,然后乘机击败敌人。战争中迷惑敌人的方法多种多样,最妙的不是用似是而非的方法,而是应用极相类似的方法。比如,用旌旗招展、鼓声震天来引诱敌人,属“疑似”法,往往难以奏效。而用老弱残兵或者遗弃粮食、柴草之法诱敌,属“类同”法,就容易迷惑敌人。

家人卦说的是持家之道。遵守这些持家之道,就能使家人同心同德，就能使家庭富裕。俗话说："不是一家人，不进一家门。"这就是"类同"。施用抛砖引玉之计，一定要选好"砖"，选"砖"的标准就是要和"玉"类同，是"一家人"，这样才能引诱敌人上当。

卦三十八　睽䷥(兑下离上)

卦辞：小事吉。

初九：悔亡。丧马，勿逐自复。见恶人，无咎。

九二：遇主于巷，无咎。

六三：见舆曳，其牛掣，其人天且劓。无初有终。

九四：睽孤，遇元夫，交孚，厉，无咎。

六五：悔亡。厥宗噬肤。往，何咎？

上九：睽孤，见豕负涂，载鬼一车。先张之弧，后说之弧。匪寇，婚媾。往遇雨则吉。

释义：占问小事吉利。

初九：困厄之事消失。马丢失了，不必去追寻，它自己会回来。遇到恶人，没有咎害。

九二：在小巷中遇到主人，无法退避，但没有咎害。

六三：看到有人赶车遇阻，难以前进，拉车的牛使劲往前拽，赶车人是个受过烙额和割鼻刑罚的人。开始不顺，结局很好。

九四：孤立无助之时，遇到大夫，一起被俘虏。有危险，但终无咎害。

六五：困厄之事消失。与同宗族的人一起进入宗祠吃肉。往前，有何咎害？

上九：孤立无助之时，看到一头猪满身是泥，一辆车载满鬼怪，起初张弓欲射，后又放下弓箭。这些人不是来抢劫，而是前来送婚的。前往遇到下雨，就会吉利。

睽卦——远交近攻

睽卦对应第二十三计“远交近攻”：

形禁势格，利从近取，害以远隔。上火下泽。

释义：地理位置受到限制，形势发展受到阻碍时，攻取较远的地方就有害，攻取较近的地方就有利。火焰向上去，河水向低处流，这和远交近攻是一个道理。

解说：远交近攻是一种外交谋略，旨在分化敌人和防止敌人结成联盟，以期各个击破。当我们面对两个或两个以上的敌对势力时，如果先攻打远处的敌人，会因路途遥远、行军艰难、补给不畅等困难而遭遇失败。这时就要先和远方的敌人握手言和，制造友好的假象，以便集中力量攻击近处的敌人，之后再图谋攻打远方的敌人。

睽卦上卦为离，为火；下卦为兑，为泽。火性上炎，泽性下润，二者相背，故“睽”意为乖违，即矛盾。六爻也都是说矛盾之事：初九失马而复得，九二遇到主人而理应回避，六三牛拉车前进而遇阻，九四势孤而遇贵人，六五势孤而遇同宗之人，上九势孤而遇送婚之人。这些矛盾虽然存在，但都不是原则性的大事，采用适当的办法就可以解决，所以最终都没有咎害，所以卦辞说“小事吉”。“远交近攻”之计正合此意。“远交”和“近攻”虽然矛盾，是不同的做法，但都是为了一个目标，没有原则性的冲突。

卦三十九　蹇 ䷦（坎上艮下）

卦辞：利西南，不利东北。利见大人，贞吉。

初六：往蹇，来誉。

六二：王臣蹇蹇，匪躬之故。

九三：往蹇，来反。

六四：往蹇，来连。

九五：大蹇，朋来。

上六：往蹇，来硕；吉；利见大人。

释义：筮得蹇卦，利于向西南行动，不利于向东北行动。遇见大人有利，占问吉利。

初六：前行遇到险阻，退回来会受到赞誉。

六二：大臣遇到重重险阻，并不是由于他们自身的过失造成的。

九三：前行遇到险阻，退回来反省自身。

六四：前行遇到险阻，退回来有所牵连。

九五：遇到重大险阻，有朋友前来相助。

上六：前行遇到险阻，退回来有很大收获。吉利，遇见大人有利。

蹇卦——调虎离山

蹇卦对应第十五计“调虎离山”：

待天以困之，用人以诱之，往蹇来连。

释义：等待形势对敌方不利时再去围困，并用人为的假象诱惑敌方，使敌方丧失优势，寸步难行。

解说：调虎离山之计在军事上主要是指在敌人占据有利地势、我方处于不利境地时，不与敌人硬拼，而是用智慧把强敌调出其有利的地势，使其处于相对不利的环境，我方再趁机歼灭。

“往蹇来连”语出蹇卦六四爻辞。蹇卦上卦为坎为险，下卦为山为阻，山水积滞于山上，遇阻不能下流，故“蹇”意为险阻、艰难。“往蹇”即前行遇到险阻，只好“来连”，即“调虎离山”以排除险阻。

卦四十 解䷧(震上坎下)

卦辞: 利西南。无所往,其来复吉。有攸往,夙吉。

初六:无咎。

九二:田获三狐,得黄矢,贞吉。

六三:负且乘,致寇至,贞吝。

九四:解而拇,朋至斯孚。

六五:君子维有解,吉;有孚于小人。

上六:公用射隼,于高墉之上,获之,无不利。

释义: 筮得解卦,利于前往西南方。无所行往,则七日之内吉利。有所行往,及早行动吉利。

初六:晦事消除,占问没有咎害。

九二:打猎捕获几只狐狸,并且得到铜箭头,占问吉利。

六三:背负着东西而且乘坐大车,将会招致贼寇来抢掠,占问有艰难。

九四:有人设网捕兽,野兽脱网而出,有朋友相助能捕获它。

六五:君子被松解捆绑,占问吉利,而小人将受罚。

上六:王公射获了高城之上的猛禽,没有不利。

解卦——走为上

解卦对应第三十六计"走为上":

全师避敌。左次无咎,未失常也。

释义: 全军退却,避开强敌。以退为进,寻机破敌,这并不违背正常的兵法。

解说: 走为上,指在敌我力量悬殊的不利形势下,采取有计划主动撤退的策略,以避开强敌,寻找战机。

解卦下卦为坎为险,上卦为震为动,表明动而出险,正所谓“走为上”。初六是说采用走为上之计,没有咎害。九二则是说在撤退的过程中还有所收获,并不是败退。六三是说撤退时要做好后勤保障。九四是说撤退时要时刻关注各方势力的情况,做好应对。六五是说及时撤退而脱离敌人的围剿。上六是说撤退后寻机破敌。

卦四十一　损䷨(艮上兑下)

卦辞:有孚。元吉,无咎。可贞。利有攸往。曷之用二簋,可用享。

初九:祀事遄往,无咎,酌损之。

九二:利贞。征凶,弗损益之。

六三:三人行,则损一人。一人行,则得其友。

六四:损其疾,使遄有喜,无咎。

六五:或益之十朋之龟,弗克违,元吉。

上九:弗损益之,无咎,贞吉。利有攸往,得臣无家。

释义:筮得损卦,将有所俘获。大吉,没有咎害。占问之事可行。利于有所行往。祭祀鬼神的食物用两簋饭食,即可举行亨祭。

初九:举行祭祀之事应当迅速前往,没有咎害。可以斟酌减损所用祭品。

九二:占问有利。如果征伐他国则凶险,不仅不能损害他国,反而会使之获利。

六三:三人同行共事,会因意见不一而使一人受损。一人出门做事,会得到朋友帮助。

六四：要减损人的疾病，就赶快求巫祭神，可得痊愈，没有咎害。

六五：有人卖价值百贝的灵龟，不能拒绝不买。大吉。

上九：家产没有损失，反而有所增加，没有咎害，占问吉利。利于行往，会得到一个无家可归的奴隶。

损卦——借刀杀人

损卦对应第三计“借刀杀人”：

敌已明，友未定，引友杀敌，不自出力。以损推演。

释义：敌人已经明确，友方的态度尚未确定，这时应极力设法诱使友方去攻打敌人，而不需要自己出力。这是从损卦推演出的计策。

解说：所谓“借刀杀人”，是指在对付敌人的时候，自己不动手，而利用第三者的力量去攻击敌人，用以保存自己的实力；再进一步，则巧妙地利用敌人的内部矛盾，使其自相残杀，以达到置敌于死地的目的。

损卦借助世事损益的各种现象，说明损益之道，即如何自损益人及损极受益的道理。六三爻“三人行，则损一人。一人行，则得其友”是“借刀杀人”之计的最好注解。三人同行共事，意见不一，最常见的情况是两人各执一词，而一人不置可否，这正是所谓的“敌已明，友未定”。此时最恰当的做法是自己不作过多的争辩，而是让未定之“友”赞同自己的意见，去和不同意见者争辩。这就是所谓的“引友杀敌，不自出力”。损卦是站在“自损益人”角度来说的，在“借刀杀人”之计则是处于“友”的位置。

卦四十二　益䷩(巽上震下)

卦辞:利有攸往,利涉大川。

初九:利用为大作,元吉,无咎。

六二:或益之十朋之龟,弗克违。永贞吉。王用享于帝,吉。

六三:益之用凶事,无咎,有孚。中行告公用圭。

六四:中行告公,从,利用为依迁国。

九五:有孚,惠心勿问,元吉。有孚,惠我德。

上九:莫益之,或击之,立心勿恒,凶。

释义:筮得益卦,利于有所行往,利于涉渡大河。

初九:利于兴建大型建筑,大吉,没有咎害。

六二:有人卖价值百贝的灵龟,不能拒绝不买。占问长久之事则吉利。君王举行盛大的祭祀天帝活动,吉利。

六三:将所得财物用于去除灾祸,没有咎害。贞问结果已得验证,途中告之于王公,当以圭璧礼祀神灵。

六四:途中把贞问之事告诉王公,王公依顺天意迁徙国都。

九五:对俘虏先进行言语安抚而不用物质优待,大吉。然后再对俘虏实行物质优待。

上九:不对俘虏实行物质优待,有可能招致他们的攻击。不可使俘虏长久坚持己见,凶险。

益卦——暗度陈仓

益卦对应第八计“暗度陈仓”:

示之以动,利其静而有主。益动而巽。

释义:故意暴露我方的行动,使敌人受到蒙蔽而坚持错误的决定。正如益卦，风得雷助其声愈烈，雷得风播其声愈远。

解说：“暗度陈仓”就是“明修栈道，暗度陈仓”，源于一个历史典故。运用于军事，则是指正面迷惑敌人，故意向敌人的某一方向进行佯攻以吸引敌人的注意力，然后利用敌人已决定在这一方面固守的时机，悄悄地迂回到另一地方进行突然袭击。

“益动而巽”出自益卦彖辞“益动而巽，日进无疆”。益卦上卦为巽，巽为风；下卦为震，震为雷。意即风雷激荡，其势愈增，故卦名为益。实施“暗度陈仓”之计，在“示之以动”时，要像风雷相互激荡那样大造声势，也就是说要采用这种办法制造假象，才能使敌人信以为真，坚持错误的决定。

卦四十三　夬䷪(兑上乾下)

卦辞：扬于王庭，孚号，有厉告自邑。不利即戎，利有攸往。

初九：壮于前趾，往不胜，为咎。

九二：惕号，莫夜有戎，勿恤。

九三：壮于頄，有凶。君子夬夬独行，遇雨若濡，有愠无咎。

九四：臀无肤，其行次且。牵羊悔亡，闻言不信。

九五：苋陆夬夬中行，无咎。

上六：无号，终有凶。

释义：筮得夬卦，征伐有功而被举用于王庭，被抓获的俘虏哭号，从属邑传来报告有危险的事将要发生。故不利于从军，利于有所行往。

初九：前脚趾受伤，有所行往则力不能任，必为咎害。

九二：夜间有兵寇掠，小心警惕，若来则大声呼号，则不必忧虑。

九三：面颊受伤，凶险。君子外出急急独行，遇雨而淋湿衣裳，心中不快但没有咎害。

九四：臀部被打而受伤，走路趑趄难行。牵羊献于当权之人，困厄将会消失，所听到的话都不可信。

九五：细角山羊在道路上奔跑跳跃，没有咎害。

上六：夜晚没有警惕戒惧，最终会有凶险。

夬卦——趁火打劫

夬卦对应第五计“趁火打劫”：

敌之害大，就势取利，刚决柔也。

释义：敌军出现危难时，我军要乘机进攻，以扩大优势，夺取胜利。刚强之兵要果决攻击弱敌。

解说：“趁火打劫”原意是趁别人家里失火，正处于一片混乱之时，去抢掠人家的财物。此计用在军事上就是，当敌方遇到麻烦或危难的时候，就要乘机出兵，发动攻击，乘势一举制服对手。

“刚决柔也”出自夬卦彖辞：“夬，决也。刚决柔也。”决，冲决、冲开、去掉的意思。夬卦上卦为兑为泽，下卦为乾为天，意为泽水冲决于天。“趁火打劫”之计引用“刚决柔也”，正是以“刚”喻己，以“柔”喻敌，意思是说要乘敌之危，就势取胜。

卦四十四　姤卦 ䷫(乾上巽下)

卦辞：女壮，勿用取女。

初六：系于金柅，贞吉。有攸往见，凶。羸豨孚蹢蠋。

九二：包有鱼，无咎，不利宾。

九三：臀无肤，其行次且，厉。无大咎。

九四：包无鱼，起凶。

九五:以杞包瓜,含章,有陨自天。

上九:姤其角,吝,无咎。

释义:筮得姤卦,强悍之女,不宜娶之。

初六:丝线系于金柅上,占问吉利。有所行往,会遇到凶险。瘦弱的老母猪哺乳,走路很不利落。

九二:厨房中有鱼,没有咎害。不利于宴请宾客。

九三:臀部被打而受伤,走路趑趄难行,会有危险。没有大的咎害。

九四:厨中没有鱼,引起凶险。

九五:匏瓜缠绕在杞树上。心怀美德,福庆将从天而降。

上九:婚后发生争执,处境艰难,没有咎害。

姤卦——美人计

姤卦对应第三十一计"美人计":

兵强者,攻其将;将智者,伐其情。将弱兵颓,其势自萎。利用御寇,顺相保也。

释义:如果敌人兵力强大,就设法打击其将帅;如果敌人的将帅明智,就要挫败他的意志。敌人的将帅斗志衰弱,兵卒士气低落,敌军的战斗力自然就会丧失殆尽。这样做有利于抵御敌人,保卫自己。

解说:"美人计"是一种以柔克刚的损敌谋略。在无法直接胜敌的情况下,针对敌人贪图安逸享乐的弱点,以色诱敌,使其意志萎靡,丧失战斗力。对于兵力强大、将帅明智的敌人,不能硬拼,只能以柔克刚。用美女悦敌,去其强势,消其斗志,可以激起兵士对将帅的抱怨,促使其离心离德。

姤卦卦辞"女壮,勿用取女"是善意的提醒,不要中敌人的"美人计”。一旦中了敌人的“美人计”,会像初六那样,丝线系于金柅上,若为所困则吉,若为其所困则行动有凶险,会像哺乳的老母猪一样难以行动。九二、九四以厨房有鱼和无鱼说明中计的后果,有兵则不能进攻,无兵则更加凶险。九三说明中计而受刑罚。九五说明,倘若“美人”心地善良而不害我,则会福从天降。上九则说我不听从“美人”的想法而发生争执。

卦四十五　萃䷬(兑上坤下)

卦辞:亨,王假有庙。利见大人。亨,利贞,用大牲吉。利有攸往。

初六:有孚,不终乃乱,乃萃若号。一握为笑,勿恤。往无咎。

六二:引吉。无咎。孚乃利用禴。

六三:萃如嗟如,无攸利。往无咎,小吝。

九四:大吉无咎。

九五:萃有位,无咎。匪孚,元。永贞悔亡。

上六:赍咨涕洟,无咎。

释义:筮得萃卦,可举行祭祀活动,君王应亲至宗庙。利于拜见大人物。可举行亨祭,利于占问,亨祭用大牲则吉利。利于有所行往。

初六:抓到了很多俘虏,有人逃跑而出现骚乱,又把俘虏聚合在一起,动乱之人因恐惧而哀号。俘虏受到安抚而无忧,很快笑逐颜开。行往没有咎害。

六二:俘虏长久待下来吉利,没有咎害。忠信对待鬼神,可以举行薄祭。

六三:俘虏聚在一起叹息,没有好处。行往没有咎害,会有一点艰难。

九四:大吉,没有咎害。

九五：俘虏聚在一起则能保有贵族的地位，没有咎害。不用刑罚，则大吉。占问长期之事，困厄会逐渐消亡。

上六：贵族失位，携带财物哭泣奔向远方，没有咎害。

萃卦——声东击西

萃卦对应第六计“声东击西”：

敌志乱萃，不虞，坤下兑上之象，利其不自主而取之。

释义：在敌人情志混乱地聚合在一起时，出其不意进行攻击，如同洪水横流一样，在敌人不能控制局势的情况下一举取胜。

解说：制造要攻打东边的声势，实际上却攻打西边，使对方产生错觉，以此出奇制胜。

“敌志乱萃”援引萃卦象辞：“乃乱乃萃，其志乱也。”意思是说敌人情志混乱，成为乌合之众。此计是运用“坤下兑上”的卦象，喻“敌志乱萃”而造成了错综丛杂、危机四伏的处境，我方则要抓住敌人这不能自控的混乱之势，机动灵活地运用时东时西、似打似离、不攻而示它以攻、欲攻而又示之以不攻等战术，进一步造成敌人的错觉，出其不意地一举制胜。

卦四十六　升 ䷭（坤上巽下）

卦辞：元亨，用见大人，勿恤。南征吉。

初六：允升，大吉。

九二：孚乃利用禴，无咎。

九三：升虚邑。

六四：王用亨于岐山，吉，无咎。

六五：贞吉，升阶。

上六：冥升，利于不息之贞。

释义：筮得升卦，可以举行大的祭祀活动。利于拜见大人，不用忧虑。南下征伐吉利。

初六：不断上升，大吉。

九二：忠信对待鬼神，利于举行薄祭，没有咎害。

九三：登上大丘之上的城邑。

六四：王可亨祭于岐山，吉利，没有咎害。

六五：占问吉利，登上台阶。

上六：夜间升进不止，利于前进不息。

升卦——李代桃僵

升卦对应第十一计"李代桃僵"：

势必有损，损阴以益阳。

释义：从大的形势来看，一定会有一些损失，那就放弃细小的、局部的利益，来保全或者争取全局的胜利。

解说："李代桃僵"就是趋利避害，"两利相权从其重，两害相衡趋其轻"，以少量的损失换取很大的胜利。在军事谋略上，如果暂时要以某种损失为代价才能最终取胜，指挥者应当机立断，作出某些局部或暂时的牺牲，去保全或者争取全局的、整体的胜利。这是运用阴阳相生相克、相互转化的道理而制定的军事谋略。

升卦下卦为巽为木，上卦为坤为地，像树木自地中生出，故升卦有升进、上升之意。有得必有失，在不断升进的同时，必然要舍弃一些东西以求升进，故"势必有损"。一步一个台阶地升进，当升到高一级台阶时必然要舍弃低一级台阶。这种舍弃是"舍小就大"，是"丢车保帅"，是为了全局的胜利而放弃局部的利益，是"损阴以益阳"。

卦四十七　困 ䷮(兑上坎下)

卦辞:亨。贞大人吉,无咎。有言不信。

初六:臀困于株木,入于幽谷,三岁不觌。

九二:困于酒食,朱绂方来,利用享祀。征凶。无咎。

六三:困于石,据于蒺藜。入于其宫,不见其妻,凶。

九四:来徐徐,困于金车,吝;有终。

九五:劓刖,困于赤绂,乃徐有说,利用祭祀。

上六:困于葛藟,于臲卼,曰动悔有悔,征吉。

释义:筮得困卦,可举行亨祭。大人有所占问则吉利,没有咎害。有所言也不足为信。

初六:臀部受木棍之刑,又被囚禁在牢狱之中,三年不见天日。

九二:君王赐给的禄位将要到来,设宴庆贺而醉酒,利于举行亨祭,征伐则有凶险。没有咎害。

六三:行路被石头绊倒,手抓在蒺藜之上。回到家中,妻子不见踪影,凶险。

九四:赐给的禄位到来迟缓,因为受到贵人的困阻。遭遇艰难,但终有好结果。

九五:做官出了麻烦,内心不得安宁。麻烦会慢慢消除,利于祭祀以祈求鬼神的保佑。

上六:行路被葛蔓缠住绊倒,多次爬起来又摔倒,很是恐惧不安。出兵征伐则吉利。

困卦——假道伐虢

困卦对应第二十四计“假道伐虢”：

两大之间，敌胁以从，我假以势。困，有言不信。

释义：处在敌我两个大国之间的小国，敌方若胁迫小国屈从于他，我则要借机去援救，并趁机把自己的势力渗透进去。对于处于困境的国家，只有空话而无实际的援助，是不能取得信任的。

解说：夹在两大国中间的小国，当它受到一方武力胁迫时，另一方常以出兵援助的方式把力量渗透进去，然后迅速进军控制局势。

“困，有言不信”语出困卦卦辞。困卦上卦为兑为泽，下卦为坎为水。卦象表明，水离开泽而向下渗透，以致泽无水而受困，水离开泽流散无归也自困，故卦名为“困”。“假道伐虢”引用“困，有言不信”，意指小国夹在两个大国中间，正如水离开泽一样处在困乏境地，大国说的话难以相信。当然，对于处在夹缝中的小国，只用甜言蜜语是不会取得它的信任的，必须要拿出实际行动才能取得小国的信任。这种实际行动正是运用“假道伐虢”的关键。

卦四十八　井 ䷯(坎上巽下)

卦辞：改邑不改井，无丧无得。往来井，井汔至，亦未繘井，羸其瓶，凶。

初六：井泥不食。旧井无禽。

九二：井谷射鲋，瓮敝漏。

九三：井渫不食，为我心恻。可用汲，王明并受其福。

六四：井甃，无咎。

九五:井洌寒泉,食。

上六:井收勿幕;有孚元吉。

释义:筮得井卦,村镇的居民迁走了,但水井不会随之迁走,无所失也无所得。当人们又迁回这里时,井为淤泥堵塞而干涸了。如不修治水井,汲水的瓶子容易毁掉,凶险。

初六:井内积满淤泥,井水不可饮用。捕兽的陷阱老旧,难以捕获禽兽。

九二:用弓矢从井口射井中的鲋鱼,结果射到汲水的瓮上,因而破漏。

九三:井水污秽不能饮用,让我心痛。君王明察而修治水井,井水可以饮用,全城之民都得到福泽。

六四:以石修治水井四壁,没有咎害。

九五:井水清澈,水源新鲜凉洁,可以饮用。

上六:打完水而不把井口盖起来,结果捕到禽兽,大吉。

井卦——围魏救赵

井卦对应第二计“围魏救赵”:

共敌不如分敌,敌阳不如敌阴。

释义:正面攻打兵力集中的强敌,不如先用计谋分散敌军的兵力,然后再各个击破。正面攻打强敌,不如迂回到敌军薄弱的后方,伺机歼灭敌人。

解说:水源是人类生存的首要条件。找到敌方的这种薄弱之处加以攻击,敌人就很容易溃败。这就是“敌阳不如敌阴”。

卦四十九　革䷰(兑上离下)

卦辞:巳日乃孚,元亨。利贞。悔亡。

初九:巩用黄牛之革。

六二:巳日乃革之,征吉,无咎。

九三:征凶。贞厉。革言三就有孚。

九四:悔亡。有孚改命吉。

九五:大人虎变,未占有孚。

上六:君子豹变,小人革面。征凶,居贞吉。

释义:筮得革卦,祭祀之日施行惩罚,同时可举行大亨之祭。占问有利。困厄消失。

初九:用黄牛皮制成的绳子来捆绑。

六二:改变祭祀的日期,征伐吉利,没有咎害。

九三:征伐有凶险。占问有危险。其言多次更改,将要受到处罚。

九四:困厄消失。处罚臣民,又更改前令而不罚,吉利。

九五:大人穿着虎纹外衣,威猛残暴,不必占问就可预知会有处罚之令。

上六:君子穿着豹纹外衣,威猛残暴,庶民受到刺面之刑。出兵征伐凶险,占问安居则吉。

革卦——假道伐虢

革卦对应第二十四计“假道伐虢”:

两大之间,敌胁以从,我假以势。困,有言不信。

释义:处在敌我两个大国之间的小国,敌方若胁迫小国屈从于他，我则要借机去援救，并趁机把自己的势力渗透进去。对于处于困境的国家，只有空话而无实际的援助，是不能取得信任的。

解说：夹在两大国中间的小国，当它受到一方武力胁迫时，另一方常以出兵援助的方式把力量渗透进去，然后迅速进军控制局势。

“革”的本义是去毛的兽皮，引申为革新。革卦上卦为兑为泽，下卦为离为火。卦象是水在火上。水在火上，水势大于火势，则水灭火；火势大于水势，则火灭水。水火相遇，便会有所变化。两个大国势同水火，必然有所变化。九五、上六是说小国夹于两个大国中间左右为难，正是变化的导火索。小国如不妥善处理，就会如初九那样，被牛皮绳紧紧捆绑起来；如果像九三那样左右摇摆不定，就会受到两个大国的惩罚。大国在处理小国的问题上也要慎重，反复权衡，像六二、九四那样及时改变做法。

卦五十　鼎䷱（离上巽下）

卦辞：元吉。亨。

初六：鼎颠趾，利出否。得妾以其子，无咎。

九二：鼎有实，我仇有疾，不我能即，吉。

九三：鼎耳革，其行塞，雉膏不食。方雨，亏，悔，终吉。

九四：鼎折足，覆公𫗧，其形渥，凶。

六五：鼎黄耳金铉，利贞。

上九：鼎玉铉，大吉，无不利。

释义：筮得鼎卦，大吉，可以举行祭祀活动。

初六：将鼎足倒转过来，可以清除鼎中的不洁之物。将得到一个妾并生下孩子，没有咎害。

九二：鼎中有食物，我的仇人有疾病，不会打扰我吃饭，占问吉利。

九三：鼎耳脱落，移动困难，烹熟的雉肉无法食用。这时忽然下起了雨，雉肉被淋受污。会有困厄，最终吉利。

九四：鼎足折断，打翻了王公的饭食，浑身被沾污，凶险。

六五：给鼎装饰上金黄色的铜耳和铜环，利于贞问。

上九：给鼎装饰上玉环，大吉，没有什么不好的。

鼎卦——釜底抽薪

鼎卦对应第十九计“釜底抽薪”：

不敌其力，而消其势，兑下乾上之象。

释义：不直接面对敌人的锋芒，而是间接地消磨敌人的气势。这是履卦兑下乾上的卦象。

解说：锅里的水沸腾不止，依靠的是火的力量。抽去锅底下的薪柴，则水止沸而其势自消。鼎卦下卦为巽为木，上卦为离为火。木燃于下，火炎于上，有燃器烹饪之象。“鼎底抽薪”正与“釜底抽薪”具有相同的意义。

卦五十一　震 ䷲(震上震下)

卦辞：亨。震来虩虩，笑言哑哑，震惊百里，不丧匕鬯。

初九：震来虩虩，后笑言哑哑，吉。

六二：震来，厉。亿丧贝，跻于九陵。勿逐，七日得。

六三：震苏苏，震行无眚。

九四：震遂泥。

六五：震往来，厉。亿无丧有事。

上六：震索索，视矍矍，征凶。震不于其躬于其邻，无咎。婚媾有言。

释义：筮得震卦，可以举行亨祭活动。雷声轰响，有人恐惧戒备，有人笑语声声，虽巨雷震惊百里之远，有人却能不失落手中祭神的羹匙和酒器。

初九：震雷轰响，人们惊惧戒备，而后笑语声声，吉利。

六二：震雷轰响，有危险。有人正登上高陵，在慌乱之中丢失了贝币。不要着急追寻，七天之内必然失而复得。

六三：远处传来迟缓的雷声，在路上行走不会遭到雷击。

九四：震雷轰响，有人惊恐坠入泥泞中。

六五：震雷轰响，连续不断，有危险，但可能不会成灾，无损于事。

上六：巨雷迅疾而来，人们惊慌四顾，向前行进必有凶险。果然，巨雷没有击到自身，而是击到外出的邻居。没有咎害，但婚姻上将有麻烦。

震卦——打草惊蛇

震卦对应第十三计“打草惊蛇”：

疑以叩实，察而后动。复者，阴之媒也。

释义：发现了疑点就应当查实清楚，弄清楚之后再有所行动。反复侦察、分析敌情，是发现阴谋的重要手段。

解说：“打草惊蛇”计是一种先侦察探视敌情，然后再采取行动的进攻谋略。在对敌情不明或感到疑惑时，“打草”以探知虚实，辨明真伪，避免落入敌人设置的陷阱和圈套。“打草”一旦惊动“蛇”，就可以了解敌情，明确攻击目标，或避强击虚以保全实力。

古人视雷震为天谴和灾变，震卦所讲的就是面临震变灾异，人们如何应对以及各种不同的结果。这正可看作是对“打草惊蛇”的细致描绘。雷震种种情况，有时霹雳轰响，有时雷声很远，有时连续不断，有时巨雷迅疾，这是实施“打草”的不同程度。面对雷震，人们也有不同的反应，有人恐惧戒备，有人笑语声声，有人在高陵之上丢了钱，有人仍在路上行走，这是“惊蛇”的种种反应。震卦说明，在实施“打草惊蛇”之计的时候，“打草”要恰到好处，太远不会惊到蛇，太近又会把蛇吓得不敢动，这都不行。从“蛇”的角度来说，面对“打草”要镇静自若，详细分析情况，采取正确的应对措施。

卦五十二　艮䷳(艮上艮下)

卦辞：艮其背，不获其身；行其庭，不见其人。无咎。

初六：艮其趾，无咎，利永贞。

六二：艮其腓，不拯其随，其心不快。

九三：艮其限，列其夤，厉，薰心。

六四：艮其身，无咎。

六五：艮其辅，言有序，悔亡。

上九：敦艮，吉。

释义：筮得艮卦，观视要专注一点，观视背部，不要念及胸腹；心无杂念，如同行走在庭院之中，却看不到人。没有咎害。

初六：观视脚趾，没有咎害，占问长久之事有利。

六二：观视小腿肚，不念及脚趾，情绪不要波动。

九三：观视腰部，又念及背部，危险，会使心中迷乱。

六四：观视胸腹，没有咎害。

六五：观视脸部，念及口舌。困厄消失。

上九：勤于观视。吉利。

艮卦——金蝉脱壳

艮卦对应第二十一计“金蝉脱壳”：

存其形，完其势；友不疑，敌不动。巽而止，蛊。

释义：保持原有形貌，完善原有形势，造成保持原有状态的假象。这种伪装即使是友军也不会怀疑，敌军更不会轻举妄动。沉静地保持原有态势，这是蛊卦的含义。

解说：“金蝉脱壳”是一种“摆脱”谋略，是在十分危急的情况下，为保存生命或军事实力而先稳住敌人的军事行动。其关键是如何使敌人毫无警觉，而我方乘敌人不惊疑之际脱离险境，就可安然躲过战乱之危。

“艮”的本义是“见”，在甲骨文中“艮”即“见”的反书，意义相同。“艮”不是一般的“见”，而是“注视”，即目光止于所注视之物。艮卦介绍的是古代的修炼术，相当于现在气功中的周天功法。修炼的方法主要是靠意念引导，也就是观视，即把意识停留于身体的某个部位。因为没有任何动作，很长时间保持身体静止，所以是“存其形，完其势”。虽然身体保持静止，但意念集中于身体某个部位，修炼到一定程度就会逐渐进入无意识状态，也就是说意识已经“金蝉脱壳”。

卦五十三　渐䷴(巽上艮下)

卦辞：女归吉。利贞。

初六：鸿渐于干。小子厉，有言无咎。

六二：鸿渐于磐，饮食衎衎，吉。

九三：鸿渐于陆，夫征不复，妇孕不育，凶，利御寇。

六四:鸿渐于木,或得其桷,无咎。

九五:鸿渐于陵,妇三岁不孕,终莫之胜,吉。

上九:鸿渐于陆,其羽可用为仪,吉。

释义:筮得渐卦,女子出嫁吉利。占问有利。

初六:鸿雁逐渐长大,已能进至岸边。小孩子会有危险,及时纠正则没有咎害。

六二:鸿雁逐渐长大,已能进至水边石上。食物充足,吉利。

九三:鸿雁逐渐长大,已能进至高平的地面。男人远行一去不返,妇女怀孕却流产,凶险。有利于抵御外寇入侵。

六四:鸿雁逐渐长大,已能进至丘林。暂时有了栖身之处,没有咎害。

九五:鸿雁逐渐长大,已能进至高岭上。妇女结婚三年还没有怀孕,却一直没有被逐出,吉利。

上九:鸿雁逐渐长大,又飞回陂池里。它的羽毛可以作为文舞的仪饰,吉利。

渐卦——树上开花

渐卦对应第二十九计"树上开花":

借局布势,力小势大。鸿渐于陆,其羽可用为仪也。

释义:借助某种局面或手段布成有利的阵势,兵力弱小但可使阵势显出强大的样子。这就像鸿雁羽翼渐丰,能飞上高山,其羽毛可以作为文舞的仪饰了。

解说:树上本没有花,但可以人为地粘上五颜六色的假花,如真花一样相互衬托,交相辉映,使人误认为树上开满了花。此计用在军事上,指的是自己的力量比较小,却可以借友军势力或借某种因素制造假象,使自己的阵营显得强大。也就是说,在战争中要善于借助各种因素来为自己壮大声势。

“鸿渐于陆，其羽可用为仪”，语出渐卦上九。借鸿雁之羽而为仪饰，正是“树上开花”的真谛。

卦五十四　归妹䷵(震上兑下)

卦辞：征凶，无攸利。

初九：归妹以娣。跛能履，征吉。

九二：眇能视，利幽人之贞。

六三：归妹以须，反归以娣。

九四：归妹愆期，迟归有时。

六五：帝乙归妹，其君之袂不如其娣之袂良。月几望吉。

上六：女承筐无实，士刲羊无血，无攸利。

释义：筮得归妹卦，征伐有凶险，无所利。

初九：少女出嫁用妹妹作为陪嫁。足跛而仍善于行走，征伐吉利。

九二：目盲仍能善于观察，利于囚禁之人占问。

六三：少女出嫁用姐姐作为陪嫁，结果姐姐被休遣归娘家。

九四：嫁女拖延日期，这是因为有所期待。

六五：帝乙把女儿嫁给文王，用她的妹妹作为陪嫁，王后的服饰却不如她的妹妹华贵。其出嫁在月圆之时，吉利。

上六：女人捧着没有物品的筐，男士宰羊而羊不流血，无所利。

归妹卦——美人计

归妹卦对应第三十一计“美人计”：

兵强者，攻其将；将智者，伐其情。将弱兵颓，其势自萎。利用御寇，顺相保也。

释义：如果敌人兵力强大，就设法打击其将帅；如果敌人的将帅明智，就要挫败他的意志。敌人的将帅斗志衰弱，兵卒士气低落，敌军的战斗力自然就会丧失殆尽。这样做有利于抵御敌人，保卫自己。

解说：“美人计”是一种以柔克刚的损敌谋略。在无法直接胜敌的情况下，针对敌人贪图安逸享乐的弱点，以色诱敌，使其意志萎靡，丧失战斗力。对于兵力强大、将帅明智的敌人，不能硬拼，只能以柔克刚。用美女悦敌，去其强势，消其斗志，可以激起兵士对将帅的抱怨，促使其离心离德。

归妹卦是婚姻专卦，“归妹”是男女嫁娶之义。通过联姻以获取军事、政治利益，其实就是“美人计”。

卦五十五　丰 ䷶(震上离下)

卦辞：亨。王假之，勿忧，宜日中。

初九：遇其配主，虽旬无咎，往有尚。

六二：丰其蔀，日中见斗。往得疑疾，有孚。发若吉。

九三：丰其沛，日中见沫。折其右肱，无咎。

九四：丰其蔀，日中见斗。遇其夷主，吉。

六五：来章有庆誉，吉。

上六：丰其屋，蔀其家，窥其户，阒其无人，三岁不觌，凶。

释义：筮得丰卦，可以举行祭祀活动。君王亲自前往祭祀则不必担忧，宜于正午时分举行。

初九：去求见主人，结果只遇到女主人，十日之内没有咎害，前往会得到奖赏。

六二：太阳像被帘席遮蔽一样，正午时竟看到北斗星。有所行往会得怪病，这是鬼神的惩罚。太阳复明则吉利。

九三：太阳像被大布幔遮蔽一样，正午时竟看到小星星。有所行往会摔倒折断右臂。没有大的咎害。

九四：太阳像被帘席遮蔽一样，正午时竟看到北斗星。出行遇到常见的主人，吉利。

六五：太阳重现光明，会得到奖赏和美名，吉利。

上六：房屋被覆盖，居室被遮蔽，透过门窗往里看，寂静无人，三年也不见有人出来，凶险。

丰卦——上屋抽梯

丰卦对应第二十八计“上屋抽梯”：

假之以便，唆之使前，断其援应，陷之死地。遇毒，位不当也。

释义：故意露出一些破绽，给敌人提供便利条件。诱使敌人深入，乘机切断其后援和前应，使其陷于绝境。如同贪吃腊肉而中毒一样，这是因为位置不当。

解说：运用“上屋抽梯”之计，要制造某种使敌方觉得有机可乘的局面，引诱敌方做某事或进入某种境地，然后截断退路，使其陷于绝境。敌人一般不会轻易上当，所以应该先给敌人安放好“梯子”，也就是故意给予方便。等敌人“上楼”之后即可拆掉“梯子”，围歼敌人。安放“梯子”大有学问，对性贪之敌，则以利诱之；对情骄之敌，则示以我方之弱以惑之；对莽撞无谋之敌，则设下埋伏以使其中计。总之，要根据情况，巧妙地安放“梯子”，使敌中计。

丰卦记述的是古代的日食。初九是日食前的情况，人们生活一切正常。六二日食开始，太阳被遮蔽一部分，天空阴暗能看到较明亮的北斗星。九三太阳全被遮蔽，天空完全暗下来，较小的星星也能看到。九四日食过半，太阳又显现出来一部分，仍能看到较明亮的北斗星。六五则是日食完全过去。上六则是说日食是凶兆，将有不祥之事发生。这个过程展示的就是“上屋抽梯”之计。初九显示一切正常，人们毫无防备，“假之以便，唆之使前”。六二、九三、九四说太阳突然被遮蔽，正是“断其援应”。上六说家中三年没有出入，正是“陷之死地”。六五太阳复明，则是说计谋实施全部结束。

卦五十六　旅䷷(离上艮下)

卦辞：小亨。旅贞吉。

初六：旅琐琐，斯其所，取灾。

六二：旅即次，怀其资，得童仆，贞。

九三：旅焚其次，丧其童仆，贞厉。

九四：旅于处，得其资斧，我心不快。

六五：射雉，一矢亡，终以誉命。

上九：鸟焚其巢。旅人先笑后号啕。丧牛于易，凶。

释义：筮得旅卦，可以举行小的祭祀活动。占问迁徙之事吉利。

初六：旅人小心多疑，担心离开居所会招致灾难。

六二：旅人就居客栈，怀藏很多钱财，买到一个童仆，占问吉利。

九三：旅人的住处发生火灾，童仆乘机逃跑，占问有危险。

九四：旅人又求得住处，也赚回了丢失的钱财，但内心并不畅快。

六五：旅人射中雉鸟，雉鸟带箭飞去，最终获得名誉和禄位。

上九：鸟儿栖居的巢穴被焚毁。旅人先喜而后悲。殷王亥在易国畜养牛羊，又丧失了牛，凶险。

旅卦——走为上

旅卦对应第三十六计“走为上”：

全师避敌。左次无咎，未失常也。

释义：全军退却，避开强敌。以退为进，寻机破敌，这并不违背正常的兵法。

解说：走为上，指在敌我力量悬殊的不利形势下，采取有计划主动撤退的策略，以避开强敌，寻找战机。

旅卦下卦为艮为山，上卦为离为火，山上有火意为“鸟焚其巢”，象征“旅焚其次”。人失其住所，只好“走为上”迁徙别处。六爻都是讲迁徙途中遇到的事，也正是军队转移可能遇到的情况。

卦五十七　巽 ䷸(巽上巽下)

卦辞：小亨。利有攸往。利见大人。

初六：进退利武人之贞。

九二：巽在床下，用史巫纷若，吉，无咎。

九三：频巽，吝。

六四：悔亡。田获三品。

九五：贞吉，悔亡，无不利，无初有终。先庚三日，后庚三日，吉。

上九：巽在床下，丧其资斧，贞凶。

释义：筮得巽卦，可以举行较小的祭祀活动。利于行往。利于拜见大人。

初六：以退为进，刚勇之人占问有利。

九二：拜伏在床下，用史巫辨明占问的结果，吉利，没有咎害。

九三：皱眉而伏下，占问艰难。

六四：困厄将消亡，行猎将获得到多种猎物，并加以驯服。

九五：占问吉利，困厄消失，没有任何不利，行事没有好的开端却有好的结果。庚前三天丁日，到庚后三天的癸日都吉利。

上九：拜伏在床下，仍然会丧失财货，占问凶险。

巽卦——金蝉脱壳

巽卦对应第二十一计“金蝉脱壳”：

存其形，完其势；友不疑，敌不动。巽而止，蛊。

释义：保持原有形貌，完善原有形势，造成保持原有状态的假象。这种伪装即使是友军也不会怀疑，敌军更不会轻举妄动。沉静地保持原有态势，这是蛊卦的含义。

解说：“金蝉脱壳”是一种“摆脱”谋略，是在十分危急的情况下，为保存生命或军事实力而先稳住敌人的军事行动。其关键是如何使敌人毫无警觉，而我方在敌人不惊疑之际脱离险境，就可安然躲过战乱之危。

巽卦，上卦下卦均为巽为风。“巽”的本字像二人伏跽之形，其义为伏顺。施用“金蝉脱壳”之计而使敌人毫无警觉，最好的办法是对敌人表现出顺从，“存其形，完其势”以表明顺从敌人，从而稳住敌人。这时充分利用“友不疑，敌不动”的有利时机，再达成军事上的战略目标。

卦五十八 兑䷹(兑上兑下)

卦辞:亨。利贞。

初九:和兑,吉。

九二:孚兑,吉,悔亡。

六三:来兑,凶。

九四:商兑未宁。介疾有喜。

九五:孚于剥,有厉。

上六:引兑。

释义:筮得兑卦,可举行祭祀活动,占问吉利。

初九:温和地谈说,吉利。

九二:诚信地谈说,吉利,困厄消失。

六三:不应该谈说而谈说,则凶险。

九四:与人商谈,事情尚未谈定。小病将会痊愈。

九五:衰落之时仍然信守承诺,有危险,终无咎害。

上六:受人引导而谈说。

兑卦——笑里藏刀

兑卦对应第十计“笑里藏刀”:

信而安之,阴以图之;备而后动,勿使有变。刚中柔外也。

释义:使敌人相信我方的善意而安心松懈,而我方暗中谋划。周密准备后突然行动,不让敌方有所察觉而采取应变的措施。表面上柔顺,实际上暗藏杀机。

解说:“笑里藏刀”是以和善的外表、动听的言词和善良的举止来掩藏内心的真实意图,从而迷惑敌人,以达到自己的目的。

“刚中柔外也”出自兑卦彖辞：“刚中而柔外，说以利贞。”是以顺乎天而应乎人。兑卦九二为阳爻，为刚，居下卦之中位；九五也为阳爻，为刚，居于上卦之中位。这就是“刚中”，象征着君子有刚健之德。六三为阴爻，为柔，居下卦之外；上六也为阴爻，为柔，居上卦之外。这就是“柔外”，象征着君子外抱柔和之态度。运用在军事上，这就是一种表面友善而暗藏杀机的谋略。

卦五十九　涣䷺(巽上坎下)

卦辞：亨，王假有庙。利涉大川，利贞。

初六：用拯马，壮吉。

九二：涣奔其机，悔亡。

六三：涣其躬，无悔。

六四：涣其群。元吉，涣有丘。匪夷所思。

九五：涣汗其大号。涣王居，无咎。

上九：涣其血去，逖出，无咎。

释义：筮得涣卦，可以举行祭祀活动，君王应亲至宗庙。利于渡涉大河，占问吉利。

初六：乘用壮健之马，大吉。

九二：水势盛大而奔逃及时，困厄过去了。

六三：水势盛大将淹及自身，没有悔事。

六四：水势盛大将淹及四邻。大吉，大家都逃到山丘上。水势之大超出人们的想象。

九五：水势盛大，人们奔走呼号。大水淹到王的住地，终无咎害。

上九：洪水的忧患过去了，但须时时警惕，没有咎害。

涣卦——走为上

涣卦对应第三十六计“走为上”：

全师避敌。左次无咎，未失常也。

释义：全军退却，避开强敌。以退为进，寻机破敌，这并不违背正常的兵法。

解说：走为上，指在敌我力量悬殊的不利形势下，采取有计划主动撤退的策略，以避开强敌，寻找战机。

涣卦是一则关于洪水的专卦，记述了洪水的威胁及水患给人们带来的忧虑和警惕，也记述了应对洪水的办法，如乘壮马逃避，逃到山丘避水等。面对洪水，古人应对的办法只有逃避，“全师避敌”。在古代，洪水是一个非常严重的问题，“走为上”反映了古人的无奈，其实也是古人的生存智慧。

卦六十　节䷻（坎上兑下）

卦辞：亨。苦节，不可贞。

初九：不出户庭，无咎。

九二：不出门庭，凶。

六三：不节若，则嗟若，无咎。

六四：安节，亨。

九五：甘节，吉，往有尚。

上六：苦节，贞凶。悔亡。

释义：可以举行祭祀活动。以节俭为苦，占问之事不可行。

初九：女人不出堂室，没有咎害。

九二：男人不出家门，有凶险。

六三：人不节俭，会因穷困而嗟叹。没有其他咎害。

六四：安于节俭，可举行祭祀活动。

九五：乐于节俭，吉利，前往会得到奖赏。

上六：以节俭为苦，占问凶险。困厄消失。

节卦——以逸待劳

节卦对应第四计“以逸待劳”：

困敌之势，不以战。损刚益柔。

释义：欲使敌军受困疲乏，并不一定要直接进攻敌军。可以采取积极防御、逐渐消耗敌人有生力量的策略，使敌军由强变弱，而我军由弱变强。

解说：敌方气势正旺，我军不宜直接进攻。正确的做法是掌握战争的主动权，积极调动敌人，使敌人因“劳”损势，而我军以静制动，待敌人因“劳”而势困之时，我军再一举破敌。

节卦之“节”有“节俭”“节制”之义。“困敌之势，不以战”，是因为要节我之力，减少战争损失。作为将帅，要时刻想到如何减少战争损失，如六三“不节”，虽也能取得胜利，但会因损失过大而嗟叹。所以要如六四那样“安节”，更要如九五那样“甘节”。如像上六那样“苦节”，终将遭遇凶险。初九女人主内持家，安于其职，故没有咎害。九二男人主外而守家，是不安于职，故有凶险。运用于军事上，则要求将帅正确分析敌我情势，明确此时应该采取的战略方针，当进则进，当守则守。

卦六十一　中孚 ䷼(巽上兑下)

卦辞：中孚豚鱼，吉。利涉大川。利贞。

初九：虞，吉，有它不燕。

九二：鸣鹤在阴，其子和之。我有好爵，吾与尔靡之。

六三：得敌，或鼓或罢，或泣或歌。

六四：月几望，马匹亡，无咎。

九五：有孚挛如，无咎。

上九：翰音登于天，贞凶。

释义：把捕获的豚鱼平均分开，吉利。利于涉渡大河。占问有利。

初九：思虑周全，吉利。有意外情况则不得安宁。

九二：老鹤在树荫下鸣叫，小鹤也鸣叫着回和它。我有美酒，与你分享。

六三：战胜敌人，有人击鼓勇进，有人力竭而退；有人悲而哭泣，有人乐而歌唱，喜忧得失参半。

六四：在月圆之夜丢失了马匹，自己会返回，没有咎害。

九五：生下很多小家畜，送一些给邻人喂养，没有咎害。

上九：鸡高飞于天上鸣叫，占问有凶险。

中孚卦——苦肉计

中孚卦对应第三十四计“苦肉计”：

人不自害，受害必真。假真真假，间以得行。童蒙之吉，顺以巽也。

释义：正常情况下，人不会自我伤害，如果受到伤害必然是真情。我方以假作真，敌人必然信假为真，这样离间的计谋就能实现了。采用这种办法欺骗敌人，要顺应人性的弱点才能达到目的。

解说：“中孚”的“中”是平分的意思，“中孚”是指把收获平均分给每个人，这是原始社会的一种分配方式。自己有所收获，当然不愿分给别人，这是人之常情，正如“人不自害，受害必真”一样。但是收获者仍然分给周围的人，这是为了得到其他人的信任，也可以说是一种“苦肉计”。用“苦肉计”欺骗敌人，要顺应人性的弱点。这种弱点，从“中孚”卦来说，是“不劳而获”；从“苦肉计”来看，是对方自我伤害在先，我方未有任何损失，也是一种“不劳而获”。

卦六十二　小过䷽(震上艮下)

卦辞：亨。利贞。可小事，不可大事。飞鸟遗之音，不宜上，宜下，大吉。

初六：飞鸟以凶。

六二：过其祖，遇其妣。不及其君，遇其臣。无咎。

九三：弗过防之，从或戕之，凶。

九四：无咎。弗过遇之，往厉必戒，勿用永贞。

六五：密云不雨，自我西郊。公弋取彼在穴。

上六：弗遇过之，飞鸟离之，凶，是谓灾眚。

释义：筮得小过卦，可以举行祭祀活动。占问吉利。可以做小事，不可以做大事。空中飞鸟的鸣叫悦耳动听，不宜上闻，宜于下听，大吉。

初六：飞鸟向上高飞，有凶险。

六二：欲见祖父，却遇到了祖母。欲见君主，却遇到了他的臣子。没有咎害。

九三：还没有越过时就要提前预防，放任不管就会带来伤害，凶险。

九四：没有咎害。前往求见君主，却先遇见其臣，有所行往会有危险，必须有所戒备。不宜占问长久之事。

六五：乌云密布，自我方的西郊而来，却没有下雨。王公用带绳子的箭射鸟，却在坑穴中捕获野兽。

上六：没有遇上想见之人，如同飞鸟高飞投入罗网，凶险，这就是灾祸。

小过卦——顺手牵羊

小过卦对应第十二计“顺手牵羊”：

微隙在所必乘，微利在所必得。少阴，少阳。

释义：敌人的某些漏洞即使很小，也一定要趁机利用。再微小的利益，也一定要努力争取。要善于捕捉时机，伺机而动，变敌方的小疏漏而为我方的小胜利。

解说：“顺手牵羊”之计的实施，要在不影响主攻目标、确保主要任务完成的前提下，利用敌人出现的小疏忽或小漏洞，创造和捕捉战机以获取战果。此计的要点在于“顺手”，以很小的代价即可获得较大的战果。

小过卦说的都是小有过失，这时事物发展刚刚出现过度的迹象。此时如果稍加留心，如六二、九四那样及时改正也可补救，则没有咎害。如果像九三、上六那样仍不戒备，则有凶险。运用于战争之中，我方就要及时抓住敌人出现的小过失，“微隙在所必乘，微利在所必得”，顺手牵羊以求小胜。

卦六十三　既济 ䷾(坎上离下)

卦辞：亨小。利贞。初吉终乱。

初九：曳其轮，濡其尾，无咎。

六二:妇丧其茀,勿逐,七日得。

九三:高宗伐鬼方,三年克之,小人勿用。

六四:繻有衣袽,终日戒。

九五:东邻杀牛,不如西邻之禴祭实受其福。

上六:濡其首,厉。

释义:筮得既济卦,可以举行俭约的祭祀活动。占问吉利。开始还好而最终危乱。

初九:有人徒步过河,用手抓起腰带之穗,只是浸湿了衣服后面的假尾,没有咎害。

六二:妇人丢失了头巾,不用寻找,七日内可失而复得。

九三:殷高宗平定鬼方的叛乱,征伐三年才获胜。庶民不宜有所行动。

六四:渡河时河水浸湿了衣絮,要终日小心戒惧。

九五:东邻杀牛厚祭,不如西邻薄祭,祭品不在于厚薄,有德之人将得上天赐福。

上六:河水浸湿了头部,危险。

既济卦——偷梁换柱

既济卦对应第二十五计“偷梁换柱”:

频更其阵,抽其劲旅,待其自败,而后乘之,曳其轮也。

释义:频繁地使敌人变动阵容,调开敌人的精锐主力,等敌军无法控制阵势自行败退时,趁机取胜。这和“曳其轮”是一个道理,即要掌控事物的关键和要害部位。

解说:“偷梁换柱”之计,是指两军对阵时,暗中调动敌军主力,分散和削弱敌人的整体力量,打乱敌人的兵力部署,趁机将敌军兼并。“梁”和“柱”泛指事物的关键和要害部位。

“曳其轮也”语出既济卦之初九爻辞：“曳其轮，濡其尾，无咎。”“轮”即“纶”，指腰带之穗。“尾”指衣后的假尾，西周人时尚以假尾为饰。腰穗名贵，假尾低贱，所以只托起腰穗而不顾及假尾。“偷梁换柱”引用这句话，就是说施用此计最重要的是要掌控敌军的主力和要害部位。

卦六十四　未济䷿(离上坎下)

卦辞：亨。小狐汔济，濡其尾，无攸利。

初六：濡其尾，吝。

九二：曳其轮，贞吉。

六三：未济，征凶，利涉大川。

九四：贞吉，悔亡，震用伐鬼方，三年有赏于大国。

六五：贞吉，无悔。君子之光有孚，吉。

上九：有孚于饮酒，无咎。濡其首，有孚失是。

释义：筮得未济卦，可以举行祭祀活动。小狐狸渡河，水深沾湿了尾巴。无所利。

初六：河水沾湿衣服后面的假尾，会有艰难。

九二：徒步过河的人用手抓住腰带之穗，占问吉利。

六三：渡河中途而返，占问凶险。利于继续前进涉渡大河。

九四：占问吉利，悔事消失。(周人)攻伐鬼方，三年取得成功，得到大国之君的奖赏。

六五：占问吉利，没有悔事。君子的光荣是在战争中有所俘获，吉利。

上九：有所俘获，饮酒庆祝，没有咎害。饮酒过度，以致弄湿了头发，虽然有所俘获，但也有失正道。

未济卦——偷梁换柱

未济卦对应第二十五计“偷梁换柱”：

频更其阵，抽其劲旅，待其自败，而后乘之，曳其轮也。

释义：频繁地使敌人变动阵容，调开敌人的精锐主力，等敌军无法控制阵势自行败退时，趁机取胜。这和“曳其轮”是一个道理，即要掌控事物的关键和要害部位。

解说：“偷梁换柱”之计，是指两军对阵时，暗中调动敌军主力，分散和削弱敌人的整体力量，打乱敌人的兵力部署，趁机将敌军兼并。“梁”和“柱”泛指事物的关键和要害部位。

“曳其轮也”也出自未济卦之九二爻辞：“曳其轮，贞吉。”此卦与既济卦是上下卦颠倒的关系，又是卦爻反对及爻卦翻覆的关系。既济为取得成功，未济为未取得成功。事物未取得成功就要继续奋斗，经过不懈努力以取得成功。

后天八卦

“后天八卦”又名“文王八卦”，相传周文王“拘而演周易”，故名。《周易·说卦传》曰：“帝出乎震，齐乎巽，相见乎离，致役乎坤，说言乎兑，战乎乾，劳乎坎，成言乎艮。”这就是“后天八卦”的顺序，如右图所示。古代地图“上南下北”，与今不同。

古代历法，一年约三百六十日。《说卦》分一年为八季节，每卦配一季节，占四十五日。又以八卦配八方。震配东方，为正春四十五日之季，此季节阳气萌动，万物复苏，故“帝出乎震”。巽配东南方，为春末夏初四十五日之季，此季节万物齐头并进，生长齐备，故“齐乎巽”。离配南方，为正夏四十五日之季，此季节草木茂盛，鸟兽活跃，万物都现身于世间，故“相见乎离”。坤配西南方，为夏末秋初四十五日之季，此季节万物即将成熟，硕果皆得土地滋养相助，故“致役乎坤”。兑配西方，为正秋四十五日之季，此季节万物成熟收获，故“说言乎兑”。乾配西北方，为秋末冬初四十五日之季，此季节万物由盛而衰，阳气消退，阴气渐生，故“战乎乾”。坎配北方，为正冬四十五日之季，此季节万物劳倦而归藏休息，故“劳乎坎”。艮配东北方，为冬末春初四十五日之季，此季节万物成其终而又成其始，故“成言乎艮”。

附录一

"檀公算"卜器

"檀公算"是一款集周易文化、军事文化、文物和传统工艺于一体的易卜文化用器,极具文物价值和收藏价值。"檀公算"铜盘设计精美,做工精致;三枚卜卦铜钱为五铢钱,都是两汉至南北朝时期的文物真品,如右图所示。

"檀公算"之名源于檀道济。檀道济是山东金乡人,南北朝时期刘宋政权的第一名将,也是中国古代著名兵书《三十六计》的作者。檀道济不仅深通兵法,而且对《周易》有精深的研究,所著《三十六计》是在总结前人军事经验和自己军事实践的基础上根据《周易》推演而来的。古人每遇大事必占卜吉凶,檀道济兼通《周易》和军事,其推演之法自有独到之处。山阳书院在深入研究《周易》和《三十六计》密切关系的基础上,全面探求和恢复了檀道济占卜之法,进而开发出"檀公算",并获得国家专利。"檀公算"的开发是对金乡易学传统的发扬光大,也是对推广"易学"做出的重大贡献。

“檀公算”的使用方法，在本书第四章“檀公算法”中已有阐释，这里不再赘述。

洛书

洛书的结构是“戴九履一，左三右七，二四为肩，六八为足”，以五居中，五方白圈皆为阳数，四隅黑点皆为阴数，如右图所示。与河图相比较而言，洛书标志着中国原始文化的更高成就。洛书只用了九个自然数，排列成一个正方形，形成华夏历史上影响深远的九宫图。

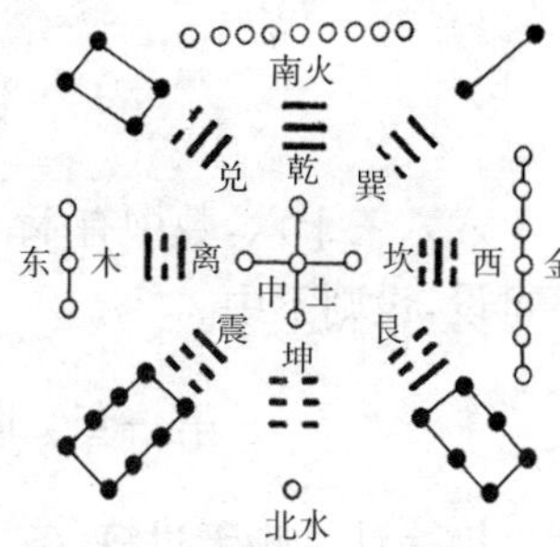

洛书九宫数，以一、三、七、九为奇数，亦称“阳数”，二、四、六、八为偶数，亦称“阴数”。阳数为主，位居四正，代表天气；阴数为辅，位居四隅，代表地气；五居中，属土气，为五行生数之祖，位居中宫，寄旺四隅。

洛书与古代天文学密切相关。以北极为定位星，斗柄所指的九个方位上最明亮的星为标志，其数目、方位都与洛书完全一致。这也就是一般术数中常说的“九宫”，奇门遁甲术即采用此九宫作为基石。

从现在的角度来看，九宫图实质上就是三阶矩阵或三阶幻方，如右图所示。图中各行、各列、各对角线的数字相加，其和都是十五。

4	9	2
3	5	7
8	1	6

附录二

《三十六计》原文

六六三十六，数中有术，术中有数。阴阳燮理，机在其中。机不可设，设则不中。

第一套　胜战计

第一计　瞒天过海：备周则意怠；常见则不疑。阴在阳之内，不在阳之对。太阳，太阴。

第二计　围魏救赵：共敌不如分敌，敌阳不如敌阴。

第三计　借刀杀人：敌已明，友未定，引友杀敌，不自出力，以损推演。

第四计　以逸待劳：困敌之势，不以战；损刚益柔。

第五计　趁火打劫：敌之害大，就势取利，刚决柔也。

第六计　声东击西：敌志乱萃，不虞，坤下兑上之象，利其不自主而取之。

第二套　敌战计

第七计　无中生有：诳也，非诳也，实其所诳也。少阴、太阴、太阳。

第八计　暗度陈仓：示之以动，利其静而有主，益动而巽。

第九计　隔岸观火：阳乖序乱，阴以待逆。暴戾恣睢，其势自毙。顺以动豫，豫顺以动。

第十计　笑里藏刀:信而安之,阴以图之,备而后动,勿使有变。刚中柔外也。

第十一计　李代桃僵:势必有损,损阴以益阳。

第十二计　顺手牵羊:微隙在所必乘,微利在所必得。少阴,少阳。

第三套　攻战计

第十三计　打草惊蛇:疑以叩实,察而后动;复者,阴之媒也。

第十四计　借尸还魂:有用者,不可借;不能用者,求借。借不能用者而用之,匪我求童蒙,童蒙求我。

第十五计　调虎离山:待天以困之,用人以诱之,往蹇来连。

第十六计　欲擒故纵:逼则反兵;走则减势。紧随勿迫。累其气力,消其斗志,散而后擒,兵不血刃。需,有孚,光。

第十七计　抛砖引玉:类以诱之,击蒙也。

第十八计　擒贼擒王:摧其坚,夺其魁,以解其体。龙战于野,其道穷也。

第四套　混战计

第十九计　釜底抽薪:不敌其力,而消其势,兑下乾上之象。

第二十计　浑水摸鱼:乘其阴乱,利其弱而无主。随,以向晦入宴息。

第二十一计　金蝉脱壳:存其形,完其势;友不疑,敌不动。巽而止蛊。

第二十二计　关门捉贼:小敌困之。剥,不利有攸往。

第二十三计　远交近攻:形禁势格,利从近取,害以远隔。上火下泽。

第二十四计　假道伐虢：两大之间，敌胁以从，我假以势。困，有言不信。

第五套　并战计

第二十五计　偷梁换柱：频更其阵，抽其劲旅，待其自败，而后乘之，曳其轮也。

第二十六计　指桑骂槐：大凌小者，警以诱之。刚中而应，行险而顺。

第二十七计　假痴不癫：宁伪作不知不为，不伪作假知妄为。静不露机，云雷屯也。

第二十八计　上屋抽梯：假之以便，唆之使前，断其援应，陷之死地。遇毒，位不当也。

第二十九计　树上开花：借局布势，力小势大。鸿渐于陆，其羽可用为仪也。

第三十计　反客为主：乘隙插足，扼其主机，渐之进也。

第六套　败战计

第三十一计　美人计：兵强者，攻其将；将智者，伐其情。将弱兵颓，其势自萎。利用御寇，顺相保也。

第三十二计　空城计：虚者虚之，疑中生疑；刚柔之际，奇而复奇。

第三十三计　反间计：疑中之疑。比之自内，不自失也。

第三十四计　苦肉计：人不自害，受害必真；假真真假，间以得行。童蒙之吉，顺以巽也。

第三十五计　连环计：将多兵众，不可以敌；使其自累，以杀其势。在师中吉，承天宠也。

第三十六计　走为上：全师避敌。左次无咎，未失常也。

阴阳学说

阴阳是中国古代哲学的一对范畴。一般来说，凡是剧烈运动着的、外向的、上升的、温热的、明亮的，都属于阳；相对静止着的、内守的、下降的、寒冷、晦暗的，都属于阴。阴和阳，既可以表示相互对立的事物，又可用来分析一个事物内部所存在着的相互对立的两个方面。以天地而言，天气轻清为阳，地气重浊为阴；以水火而言，水性寒而润下属阴，火性热而炎上属阳。

国家“夏商周断代工程”首席科学家李学勤先生指出：早在虞舜时代，舜帝就开始了“测阴阳之物”的实践。春秋时代孔门的《易传》以及老子的《道德经》都对阴阳作了系统论述。阴阳理论已经渗透到中国文化的方方面面，包括哲学、历法、国学、美学、中医、书法、军事、外交、计算机科学、物理科学、传媒学、建筑、占卜等等领域。

战国时的阴阳学是诸子百家中的重要一家。阴阳学说认为，自然界的任何事物都包含阴和阳相互对立的两个方面，而对立的双方又是相互统一的。阴阳的对立统一运动，是自然界一切事物发生、发展、变化及消亡的根本原因。正如《素问·阴阳应象大论》说：“阴阳者，天地之道也，万物之纲纪，变化之父母，生杀之本始。”阴阳学说的基本内容包括阴阳一体、阴阳对立、阴阳互根、阴阳消长和阴阳转化五个方面。

大约在北宋年间，出现了道教的太极图。太极图以一条曲线将圆形分为两半，形成一半白一半黑，白者像阳，黑者像阴，白中又有一个黑点，黑中又有一个白点，表示阳中有阴，阴中有阳。分开的两半，酷似两条鱼，所以俗称“阴阳鱼”。如右图所示。

五行学说

五行指木、火、土、金、水，是中国古代的一种物质观，多用于哲学、中医学和占卜方面。五行学说认为，宇宙万物都由这五种基本物质的运行和变化所构成，这五个要素的增减盛衰，使大自然也相应发生变化，宇宙万物因此循环不已。这种观念强调整体概念，描绘了事物的结构关系和运动形式。

五行之间存在着相生相克的关系与规律。五行相生的规律是：木生火，火生土，土生金，金生水，水生木。五行相克的规律是：木克土，土克水，水克火，火克金，金克木。如右图所示。

金、木、水、火、土为阴阳运动变化过程中五种不同的存在状态，每种状态都包含着行列化的相同性或类似性的范畴。《尚书·洪范》曰：“水曰润下，火曰炎上，木曰曲直，金曰从革，土爰稼穑。”《尚书·大禹谟》曰：“润下作咸，炎上作苦，曲直作酸，从革作辛，稼穑作甘。”这就把五行和五味对应起来了。下表罗列了部分对应关系。

五行	象征	五方	五色	五味	五音	五脏	五官	五情	气候	季节	天干	地支
金	安定、收敛	西	白	辛	商	肺	鼻	悲	燥	秋	庚辛	申酉
木	生机、萌发	东	青	酸	角	肝	目	怒	风	春	甲乙	寅卯
水	柔和、流动	北	黑	咸	羽	肾	耳	恐	冷	冬	壬癸	亥子
火	消耗、爆发	南	赤	苦	徵	心	舌	喜	热	夏	丙丁	巳午
土	承载、接纳	中	黄	甘	宫	脾	口	思	湿	长夏	戊己	辰戌丑未

跋

如果说“金乡是一方神奇的土地”，很多人可能不以为然。若是在几年之前，我也会有同感。可是，随着对金乡历史文化研究的不断深入，我们越来越感觉到，如果不这么定位的话，那就只能换个说法——“金乡是一方神圣的土地”。

这其中的缘由自然很多，在这里难以一一说清，只说一个和本书有关的例子吧。一提起《周易》，稍微有点文化的人都知道，这部书广博精微，是华夏文明的源头活水之一。就是这么一部神奇的古代典籍，竟然和金乡有着无法分割的关系（在本书的“引言”中已有详细介绍），这一点就足以让金乡称得上“神奇”了。

早在2010年，我们布展羊山景区金乡军事文化馆时就发现，《三十六计》和《周易》有因应关系。但因精力有限，当时并未深究。2012年，在为“金乡文化大讲堂”准备檀道济的材料时，对《三十六计》和《周易》的关系有了更深入的了解。研究发现，两者之间不是偶然重合，而是有着必然的、密切的关联。当时的研究成果在“文化大讲堂”中也有涉及，有兴趣的读者可以参阅拙著《金乡史话》（人民出版社2013年版）。

随后，我们对此展开深入研究，并把这一课题列为山阳书院2013年重点课题推进。这年底，“檀公算”卜器恢复完成，这部书也已成稿。书稿中“六十四卦”的翻译工作主要由两位老师协助完成，一位是金乡县特校政教主任朱正军，一位是金乡县实验中学政治老师李平昌。朱老师对传统文化功底深厚，李老师则对

《周易》用功尤深。金乡二中刘国明老师以《三十六计》为题材，创作了40余枚印章，刘长森、刘卫东、杜庆龙、孙宏伟等山阳书法名家题字，都为本书增色不少。“檀公算”的设计由精通电脑技术的乔斐协助完成，而制作则由孟武贞、杜庆龙负责。值本书出版之际，特此致谢。

作者

2015年2月